TOMADOS

DE TU MANO

EL CREADOR NUNCA SE EQUIVOCA

GABY FALCÓN

TOMADOS

DE TU MANO

EL CREADOR NUNCA SE EQUIVOCA

GABY FALCÓN

Para comunicarte con la autora escribe a:
gabyfalcon7@hotmail.com
Www.librosdegabyfalcon.com
Www.facebook.com/tomadosdetumano
Www.facebook.com/talleresbreak

A menos que se exprese lo contrario, todas las citas de la escritura están tomadas de la Santa Biblia Reina-Valera Revisión 1960 Sociedades Bíblicas en América Latina.

DEDICATORIA

Doy gracias a Dios porque fijó sus ojos en mí y me ha demostrado una y otra vez que si me suelto en sus brazos, siempre habrá garantía en lo que emprenda, Él es mi GRAN HACEDOR.

Un día una amiga me invitó a dar una plática en una reunión donde habría mujeres que no tienen marido: divorciadas, viudas, abandonadas, madres solteras. Claro que acepté, pensé "voy a compartir lo que un día entendí de Dios para a mi vida".

Me senté frente a la computadora y comencé a escribir, las ideas fluían desde el cielo, entonces dije "Señor, si esto es un libro lo pongo en tus manos, haz lo que quieras hacer." ¿Sabes por qué? Porque Dios hace cosas grandes, más allá de lo que podamos soñar.

En este libro está el corazón de Dios latiendo en el mío y lo quiero compartir contigo, te recomiendo que abras tus ojos porque Dios es un Dios sobrenatural (de ninguna manera hablaremos de religiones, ni nada que ver), entonces hay que leer con el corazón y con una mente abierta y transformada, pero también con el alma, es decir, desde dentro de ti, con lo más profundo que surja de tu ser.

Yo creo firmemente que estas páginas traerán sanidad en muchas áreas de tu vida, si así lo permites, áreas que tal vez ni siquiera conozcas que necesitan ser sanadas.

Debes saber que a medida que iba escribiendo, parecía que dentro de mí caían muros, se descubrían velos y se rompían cadenas. Ahora soy diferente, Dios hizo algo en mi vida y lo hará por ti.

Tomados de tu mano, está dirigido a mujeres solas, en lo físico, en lo emocional y en lo espiritual. Pero puede extenderse para varones, personas casadas, solteras, jóvenes, etc. la única finalidad es que las personas conozcan, crean y vivan, que Dios es el gran amor, sanador, redentor y compañero por siempre.

CONTENIDO

Mi Testimonio

Nací en un hogar común y corriente, mi mamá ama de casa y mi papá contador público. Cuando yo tenía cuatro años éramos una familia de cuatro hijos, papá y mamá. Después creció la familia con dos pequeños más, las cosas estaban muy mal en todos los aspectos porque mi papá había perdido su trabajo. Pasamos muchas dificultades, sobretodo económicas y mi papá decidió viajar al norte del país en donde se las arregló para obtener un sustento muy abundante. Cuando entré a quinto de primaria la vida ya había dado un giro.

Al entrar a la universidad me sentía completamente perdida y vacía, tenía todo lo que quería, pero cada vez menos atención, nadie me preguntaba ¿cómo estás, cómo te sientes? O simplemente ¿qué hiciste hoy? Tenía de todo sí, menos la atención de mis padres y hermanos, y no es que fuera malo en sí, más bien cada uno vivía su vida y yo me sentí sola. No sabía a dónde ir porque sentía un vacío muy grande (Tuve buenos amigos, pero había muchos que no eran reales)… era un gran vacío.

Me interesé en la supuesta "sabiduría espiritual" para llenar esos vacíos, entonces me casé con un brujo. Cuando lo conocí me comenzó a enseñar cosas que sólo los "privilegiados" pueden saber (supuestamente): Meditaciones, posturas de yoga, manejo de energía mediante chacras, cartomancia, aromaterapia, cromoterapia, etc. Aprendí el nombre de ángeles y arcángeles, de maestros ascendidos, los planetas y su correspondencia con los horóscopos, curación a través de las manos, velas, inciensos, amuletos, talismanes, etc.

Pero mi esposo era drogadicto y mi vida estaba en un pozo sin fondo, cada día me hacía sentir peor. Por la mañana yo misma me leía las cartas del tarot para saber que hacer o para darme una idea de dónde había amanecido mi esposo, esa situación me confundía, era esclava del tarot, me encadenaba.

Además quien vive con un adicto sabe lo que eso significa, es vivir como en una montaña rusa emocional, al borde del abismo siempre. Si él estaba bien, todo era maravilloso, pero si había consumido drogas, todo era violento, era un infierno.

Así pasaba los días tratando de contener la estabilidad que se escapaba con un portazo, un grito, cualquier detalle que lo hiciera explotar con insultos, comentarios denigrantes... golpes. Un día en medio de una situación insoportable (una de tantas, pero en esta ya no pude más) alcé mis ojos al cielo y clamé con desesperación: "Dios ya no sé cómo te llamas, no sé si existes, pero te necesito, sálvame". Esa misma noche dormí en casa de mi madre y no volví a ver al padre de mis hijas en muchos años. Me divorcié con dos niñas maravillosas.

Pasaron cinco años y parecía que nada podía cambiar mi vida, hasta llegué a sentir un desequilibrio profundo en mi mente.

Durante ese tiempo me volví muy religiosa, cada domingo sin falta al templo, reuniones cada miércoles, retiros, no podía encontrar la paz que anhelaba; al contrario sentía una ira acumulada dentro de mí que explotaba a cada momento… mis hijas tenían una mamá neurótica y frustrada, no me daba cuenta.

Como era padre y madre de las niñas, anduve de trabajo en trabajo, la inestabilidad, el miedo y la frustración me acompañaban a todos lados. Un día me preguntó una amiga ¿quieres recibir a Cristo en tu corazón? Y yo pensé, "Qué absurdo, que ignorante, si yo lo tengo cada domingo" Pero al fin cerré mis ojos e hice una oración con la que invité a Jesucristo a tomar el control de mi vida, realmente sentía la necesidad de que alguien me salvara para siempre.

Ese día supe que JESUCRISTO VIVE. Entró en mi vida como un ungüento de sanidad y sentí su presencia con toda su verdad. Pero también sentí gran vergüenza de mi vida ¡Lloré tanto!

Desde ese día hasta hoy su presencia me acompaña, pero no como algo que se dice bonito, él realmente está conmigo como el aire que se respira, no lo veo pero lo siento y me da vida cada instante.

Después de ese día y para siempre mi corazón pertenece a Dios; aunque las dificultades y lo cotidiano parecían no cambiar completamente. Un día en medio de la dificultad (tenía un problema económico) me levanté muy temprano llena de temor y angustia, me puse de rodillas y comencé a orar, me sentía sola y no sabía ya cómo clamar a Dios. Entonces abrí mi Biblia para buscar las palabras de mi Padre, de mi Amado, un consuelo, una palabra de paz y esto fue lo que sintió mi corazón:

Este libro nació ese día. Quiero compartir contigo lo que Dios puso en mí aquella ocasión al leer el capítulo 54 del libro de Isaías, porque ha sido un toque especial en mi vida. Ha sido mi llamado.

Vamos a ver por partes todo el capítulo para desmenuzarlo de la mejor manera posible, primero vamos a leerlo todo y más adelante lo iremos explicando. Espero en Dios que haga en tu vida tal y como Él quiera ¡Eso será perfecto!

.

Nota de la Autora

Cuando los hijos de Dios tenemos una relación verdadera con Él, que está vivo y real, decimos que Dios nos habla a través de su Palabra la Biblia; es porque al leer pasajes de ella sentimos una revelación más profunda del significado de esas palabras y ya no son sólo palabras, sino que se convierten en realidades para la vida.

En el transcurso de este libro tomaré varios pasajes de la biblia para explicar cómo Dios nos ama y nos da las herramientas para vivir en victoria frente a las batallas de la vida diaria. Cuando decimos que somos personas espirituales, pero estamos pasivos sin tomar acción, entonces realmente no estamos en el canal de Dios, porque Dios es acción.

La guía o instructivo de la vida es la herencia que recibimos de nuestro Padre, o sea la Biblia, es la que ha permanecido a través de los siglos. ¿Cómo se le llama al escrito que describe una herencia? ¡Testamento! Siempre que pensamos en testamento, pensamos en riqueza ¡Ah! pues nosotros podemos ir al testamento y tomar nuestra herencia ¡herencia eterna que proviene del cielo! La biblia contiene el antiguo y el nuevo testamento.

¿Sabes cuántas veces se ha tratado de destruir y desacreditar a la biblia a través de la historia de la humanidad? ¡Millones de veces! Pero permanece porque cuando un hijo de Dios llega por su herencia, Su Padre le habla y el hijo sabe que es real. Dios sostiene con su mano este libro que ha permanecido y permanecerá por siempre.

Isaías 54

¹*Regocíjate, oh estéril, la que no daba a luz; levanta canción y da voces de júbilo, la que nunca estuvo de parto; porque más son los hijos de la desamparada que los de la casada, ha dicho Jehová. ²Ensancha el sitio de tu tienda, y las cortinas de tus habitaciones sean extendidas; no seas escasa; alarga tus cuerdas, y refuerza tus estacas. ³Porque te extenderás a la mano derecha y a la mano izquierda; y tu descendencia heredará naciones, y habitará las ciudades asoladas.*

⁴*No temas, pues no serás confundida; y no te avergüences, porque no serás afrentada, sino que te olvidarás de la vergüenza de tu juventud, y de la afrenta de tu viudez no tendrás más memoria. ⁵Porque tu marido es tu Hacedor; Jehová de los ejércitos es su nombre; y tu Redentor, el Santo de Israel; Dios de toda la tierra será llamado. ⁶Porque como a mujer abandonada y triste de espíritu te llamó Jehová, y como a la esposa de la juventud que es repudiada, dijo el Dios tuyo. ⁷Por un breve momento te abandoné, pero te recogeré con grandes misericordias. ⁸Con un poco de ira escondí mi rostro de ti por un momento; pero con misericordia eterna tendré compasión de ti, dijo Jehová tu Redentor.*

⁹*Porque esto me será como en los días de Noé, cuando juré que nunca más las aguas de Noé pasarían sobre la tierra; así he jurado que no me enojaré contra ti, ni te reñiré.* ¹⁰*Porque los montes se moverán, y los collados temblarán, pero no se apartará de ti mi misericordia, ni el pacto de mi paz se quebrantará, dijo Jehová, el que tiene misericordia de ti.*

¹¹*Pobrecita, fatigada con tempestad, sin consuelo; he aquí que yo cimentaré tus piedras sobre carbunclo, y sobre zafiros te fundaré.* ¹²*Tus ventanas pondré de piedras preciosas, tus puertas de piedras de carbunclo, y toda tu muralla de piedras preciosas.* ¹³*Y todos tus hijos serán enseñados por Jehová; y se multiplicará la paz de tus hijos.* ¹⁴*Con justicia serás adornada; estarás lejos de opresión, porque no temerás, y de temor, porque no se acercará a ti.* ¹⁵*Si alguno conspirare contra ti, lo hará sin mí; el que contra ti conspirare, delante de ti caerá.* ¹⁶*He aquí que yo hice al herrero que sopla las ascuas en el fuego, y que saca la herramienta para su obra; y yo he creado al destruidor para destruir.* ¹⁷*Ninguna arma forjada contra ti prosperará, y condenarás toda lengua que se levante contra ti en juicio. Esta es la herencia de los siervos de Jehová, y su salvación de mí vendrá, dijo Jehová.*

I

REGOCÍJATE

[1]*"Regocíjate, oh estéril, la que no daba a luz; levanta canción y da voces de júbilo, la que nunca estuvo de parto; porque más son los hijos de la desamparada que los de la casada, ha dicho Jehová."*

Regocíjate, Alégrate, ponte feliz! Porque Dios está viendo tu corazón, Él te conoce y nunca se queda quieto, nunca te va a dejar allí triste. Seguramente te levantará. El conoce tu angustia, conoce tus pesares y te ve triste, él sabe cuánto te duele por dentro, ha visto tus lágrimas y sufrimientos, sabe de tus batallas cada día y también conoce tus anhelos y esperanzas. No te dejará, el día de hoy que comienzas esta lectura (que seguramente Él trajo a tus manos) comenzarán las bendiciones. Hoy te dice ¡Regocíjate! Me imagino a Jesucristo extendiendo su mano hacia ti para que la tomes y te levantes, entonces… ¡Tómala y levántate!

En estos versículos Dios nos declara una verdad: *"Estéril, la que no daba a luz, la que nunca estuvo de parto, la desamparada"* Dios no se refiere a un embarazo físico, sino a todo aquello que las personas soñamos y esos sueños son como un embarazo esperando nacer y hacerse una realidad. Los hijos nacidos de esos embarazos son las victorias, los triunfos, las metas alcanzadas… los sueños hechos realidad.

Hagamos la comparación de un embarazo con un anhelo, algo que deseamos ver en nuestra vida pero no ha llegado y lo traemos en la mente. Ese sueño se está gestando, está tomando forma dentro de nosotros, pero todavía no nace, todavía no es una realidad.

Todos algún día tuvimos sueños y metas por alcanzar, y algunos de nosotros hoy volteamos atrás y no tenemos nada, nuestras manos están vacías de sueños alcanzados. Nunca dimos a luz nada, nuestra vida está estéril. De allí la tristeza, el pesar del corazón.

Dios dice ¡"Alégrate tú la estéril", "la desamparada", la que no cumplió sus sueños, porque a partir de hoy los verás cumplirse y más allá de lo que puedas imaginar! Porque aparte de que no se cumplieron esos sueños, tal vez los de tener una familia y posiblemente seas divorciado o viudo o cualquiera que sea tu condición… ¡Escucha bien! Hasta el día de hoy <u>éramos</u> estériles y desamparados, (porque Dios nos llama desamparados, pero más a adelante en el versículo cinco Él se declara <u>Nuestro Hacedor)</u>, por eso desde hoy alégrate, creé que así será porque Dios te llenará de "hijos", o sea de sueños cumplidos, metas realizadas, proyectos hechos realidad.

Vámonos por partes ¿No se cumplieron tus sueños?, pues bien, ahora te dice Dios "*Más son los hijos de la desamparada que los de la casada*" ¿Qué significa? Mira, comenzamos diciendo que Dios nos está llamando "desamparados" y "estériles" porque nuestros sueños no se cumplieron, pero después nos dice: "No te preocupes porque más son los hijos de la desamparada, que los de la casada". Dios te dará una inspiración renovada para que de ahora en adelante renazca en ti el deseo de soñar y caminar hacia el cumplimiento de esos sueños que nunca, ni siquiera, te atreviste a soñar, pero esos sueños allí están latiendo en tu corazón. Así que regocíjate porque Dios quiere verte como una persona llena de sueños, y llena de sueños CUMPLIDOS. Y entonces dejamos atrás un pasado que echamos a perder y nos encaminamos a las promesas de Dios.

Es fácil soñar ¿verdad? Pero cuando vemos que esos sueños se evaporan con el tiempo, se siente gran decepción, algunos de nosotros ya ni siquiera nos permitimos soñar para evitar la frustración, pero ¡Alégrate! Dios te promete hoy que te hará una persona llena de sueños cumplidos, aquí lo dice "Más son tus sueños cumplidos que los de la que ya los cumplió". Dios habla de una mujer casada, como una mujer que ha cumplido sueños, pero a ti te dice "tengo algo mejor para ti, mayores serán tus sueños y se cumplirán." ¡Atrévete a soñar nuevamente! Inicia de la mano de nuestro Amado Jesucristo.

Te preguntarás ¿Por qué a Dios le interesa que tengamos sueños cumplidos? Primero porque nos ama con amor eterno, segundo porque somos sus hijos y él quiere que sus hijos sean como árboles llenos de frutos y esos frutos surgen del deseo de la persona de lograr sus sueños. Tercero...¿qué crees? Los sueños que surgen de lo más profundo de tu corazón, son sueños que Dios ha sembrado en ti y además de que sería "lindo" hacerlo realidad, más allá de la parte bonita. Está el propósito de Dios latiendo en ti para que sus propósitos eternos sean cumplidos, así que tus sueños son mandatos de Dios que debemos cumplir para formar parte de un todo maravilloso en la creación que nace de Dios a través de los tiempos.

Alguna vez alguien soñó con volar y se crearon los aviones después de muchísimos intentos, fracasos, tropiezos y oposición. Algún día alguien soñó con un motor que impulsara los carruajes y se creó el automóvil, alguien soñó con ayudar a curar muchas enfermedades y se descubrió la penicilina… en fin, Dios ha puesto grandes sueños en grandes personas y con muchas cosas en contra lograron ver su sueño hecho realidad.

Si nadie hubiera escuchado esa voz interior de querer hacer realidad algo que no existe, entonces el mundo no tuviera grandes avances y ¡Gloria a Dios por todas esas personas! Por eso digo que cada persona tiene un deber y es el de ser valiente y hacer sus sueños realidad, sino ¿de qué se está perdiendo la humanidad?

II

LEVANTA CANCIÓN

"…levanta canción y da voces de júbilo, la que nunca estuvo de parto… ha dicho Jehová."

Dios te dice "¡levanta canción y da voces de júbilo!"¿Tú te acuerdas cuando estuviste enamorado? ¿Verdad que cuando una persona está enamorada se pone a cantar? Cuando una persona está feliz, canta… Entonces ¡Levanta canción, regocíjate, da voces de júbilo! Hoy es tu día ¿Por qué será? Pues porque tu amado te dice: "a partir de hoy Yo estaré contigo siempre, y además mi amor por ti será tal que tu estarás tan feliz que cantarás como si estuvieras enamorado"

El canto es una forma maravillosa de expresar el amor, de adorar a Dios y también una manera de atraer su presencia. La presencia de Dios trae provisión, sanidad, gozo, paz y también nos anima.

"Si te sientes triste ¡Canta! Si te sientes confundido ¡Canta! Si te sientes abatido y sin fuerzas ¡Canta! Porque el canto trae regocijo. Pero por supuesto no cualquier canto, elige un canto que te una con el Padre, un canto de esperanza, un canto de alegría, çanto de amor porque el canto trae consuelo.

Una vez escuché una predicación de Marcos Witt donde explicaba que el canto de alabanza y adoración a Dios es una guerra contra todo aquello que no proviene del Padre. Por ejemplo la depresión, abatimiento, autocompasión, confusión, temor, etc. Con el canto de adoración los enemigos huyen ¿cuáles enemigos? Además de los que ya mencioné, también hay temores, menosprecio, culpabilidad, soledad, envidia, celos, rencor, pobreza, enfermedad, fracaso, todos esos son enemigos porque entran en tus pensamientos y te hacen sentir mal, además te alejan de tu creador.

Así que te dice "canta y da voces de júbilo". Marcos Witt decía: "Alabe a Dios y deje que Él peleé sus batallas" ¿No es hermoso? Tú le cantas a Dios y él quita de tu vida lo que te aflige. En el Salmo 149 el rey David expresa en forma poética como la alabanza a Dios es guerra contra aquello que nos afecta:

Sal. 149:1-9

1   Cantad a Jehová cántico nuevo;

Su alabanza sea en la congregación de los santos.

2 Alégrese Israel en su Hacedor;

Los hijos de Sion se gocen en su Rey.

3 Alaben su nombre con danza;

Con pandero y arpa a él canten.

4 Porque Jehová tiene contentamiento en su pueblo;

Hermoseará a los humildes con la salvación.

⁵ Regocíjense los santos por su gloria,

Y canten aún sobre sus camas.

⁶ Exalten a Dios con sus gargantas,

Y espadas de dos filos en sus manos,

(¡Exalten a Dios con sus gargantas! Es cantar y con eso tendremos una espada de dos filos en las manos para derribar a los enemigos que nos rodean y nos oprimen)

⁷ Para ejecutar venganza entre las naciones,

Y castigo entre los pueblos;

⁸ Para aprisionar a sus reyes con grillos,

Y a sus nobles con cadenas de hierro;

⁹ Para ejecutar en ellos el juicio decretado;

Gloria será esto para todos sus santos.

Aleluya.

En este salmo, los primeros versículos son la manera hermosa de entender la relación que genera la alabanza a Cristo con su pueblo. Y a partir del versículo seis dice claramente "Exalten a

Dios con sus gargantas y espada de dos filos en sus manos..." y sigue hablando de una guerra que se levanta con el canto al sólo alabar a Dios.

Otro ejemplo de la importancia del canto está en Segunda de Crónicas capítulo veinte, en donde vemos que Josafat fue atacado en guerra por los amonitas y los moabitas, entonces se postra en tierra delante de Dios al igual que los moradores de Jerusalén y le adoran, y luego dice:

2Cr. 20:22

22Y cuando comenzaron a entonar cantos de alabanza, Jehová puso contra los hijos de Amón, de Moab y del monte de Seir, las emboscadas de ellos mismos que venían contra Judá, y se mataron los unos a los otros.

Josafat y los moradores de Jerusalén adoran a Dios con cantos, entonces Dios pone a sus enemigos, que eran los hijos de Amón y de Moab, los puso a pelear unos contra otros y se mataron entre ellos, así Dios libró a su pueblo y ¡sólo estuvieron cantando!

¡Todo lo que nos destruye es un enemigo! ¿Estarás de acuerdo? ¿Qué es aquello que te puede destruir? Enfermedades, escasez económica, críticas, vicios, incluso el mal carácter, el temor, la inseguridad, falta de perdón, etc.

Necesitamos aclarar algo importante, en Efesios 6:12 dice:

¹²Porque no tenemos lucha contra sangre y carne, sino contra principados, contra potestades, contra los gobernadores de las tinieblas de este siglo, contra huestes espirituales de maldad en las regiones celestes.

Lo cual quiere decir que tus enemigos no son las personas que te rodean, ni los problemas que te acontecen, sino lo que actúa en el ámbito espiritual.

Cuando tú cantas Dios no va a destruir a nadie, más bien será destruido aquello que causó el mal y hasta las personas que causaron el daño serán libres en su espíritu. Si tú has pensado que tu ex pareja, o suegra, o la vecina, tus padres, la maestra de primaria o quien sea, como los culpables de tu desdicha, no es así directamente. Puede ser que aparentemente sí, pero si perdonas la situación, decides perdonar a la persona y oras por ellos, tú y ellos serán libres y habrás derrotado al verdadero enemigo.

También vemos en el libro de Josué, cómo por medio de la música, las murallas que rodeaban la ciudad de Jericó (la tierra prometida dada al pueblo de Israel) fueron derrumbadas:

Josué 6:1-5

"¹Ahora, Jericó estaba cerrada, bien cerrada, a causa de los hijos de Israel; nadie entraba ni salía. ²Mas Jehová dijo a Josué: Mira, yo he entregado en tu mano a Jericó y a su rey, con sus varones de

guerra. ³Rodearéis, pues, la ciudad todos los <u>hombres de guerra,</u> yendo alrededor de la ciudad una vez; y esto haréis durante seis días. ⁴Y <u>siete sacerdotes llevarán siete bocinas de cuernos de carnero delante del arca</u>; y al séptimo día daréis siete vueltas a la ciudad, y los sacerdotes tocarán las bocinas. ⁵Y cuando toquen prolongadamente el cuerno de carnero, así que oigáis el sonido de la bocina, todo el pueblo gritará a gran voz, <u>y el muro de la ciudad caerá</u>; entonces subirá el pueblo, cada uno derecho hacia adelante."

En esta historia vemos como Dios indicó a Josué tocar bocinas durante seis días alrededor de la ciudad de Jericó. "Todos los hombres de guerra" irán y siete sacerdotes tocarán bocinas de cuerno de carnero (música) delante del arca (la presencia de Dios). O sea que mientras se alistan para la batalla, ¡Romper muros y tomar la ciudad! Hay música delante de Dios. Tus muros caerán si hay música delante de Dios en tu vida. ¿Cuáles muros? Enfermedad, escasez económica, un carácter iracundo, la tendencia a los desórdenes sexuales, vicios… ¿Qué te está deteniendo?, ¿Qué está estorbando tu vida?, ¿Qué es lo que te atormenta? ¡Rompe los muros con música delante de Dios! ¡Levanta canción!

Cómprate un CD de música cristiana y alaba a Dios, llena tu ipod con adoración a Dios, baja videos del internet, aquí te pongo mis favoritos, búscalos: Hillson, Marcela Gandara, Lilly Goodman, Jesús Adrian Romero, Marcos Barrientos, Alex Campos… uf! Hay muchos.

La música la vemos una y otra vez en el antiguo testamento: <u>Los israelitas cantaban</u> en muchas y diferentes ocasiones. Por ejemplo, fiestas de despedida, victorias militares, el descubrimiento de un pozo, y en las fiestas de vendimia. El canto expresaba también tristeza. Pero sobre todo, la dinámica del canto se experimenta en la adoración a Dios.

"...levanta canción y da voces de júbilo", Dios sabe porque nos dice que cantemos, vamos a obedecer, mientras tú cantas el renueva tu vida.

III

ENSANCHA EL SITIO DE TU TIENDA

²"Ensancha el sitio de tu tienda, y las cortinas de tus habitaciones sean extendidas; no seas escasa; alarga tus cuerdas, y refuerza tus estacas. ³Porque te extenderás a la mano derecha y a la mano izquierda; y tu descendencia heredará naciones, y habitará las ciudades asoladas."

Quiero enterarte de una cosa, Dios no soluciona nada con magia, no transforma situaciones de un instante al otro (claro que en su gran misericordia, él es todopoderoso y podría hacer cualquier cosa, creemos en milagros, claro que sí) él se agrada con tu esfuerzo, es como cuando enseñamos a caminar a nuestros hijos ¿Te gustaría tener una varita mágica frente a un bebé? Al llegar al año y medio, le dices: "hoy vas a caminar…triiing (agitas la varita)". Entonces el bebé empieza a caminar. ¿Verdad que no te gustaría eso? Porque es tan hermoso ver a un bebé dar sus primeros pasos y cuando se caen, uno puede darse cuenta del esfuerzo tan grande que hacen para levantarse y empezar de nuevo siempre con una sonrisa; cuando uno ve eso, lo quiere abrazar y llenar de besos.

El bebé por su parte, sabe que estás allí y no le va a pasar nada, se esfuerza para hacerlo porque quiere tu reconocimiento, te quiere ver feliz. El bebé aprende porque le da seguridad saber que estás allí y se arroja sin ningún temor, porque aunque se caiga tú lo levantarás.

Bueno pues igual es con Dios, por eso te dice hoy: "Ensancha el sitio de tu tienda, y las cortinas de tus habitaciones sean extendidas…" ¿Qué significa? Que tú tienes que hacer tu parte, en el libro de Josué vemos que Dios le dice: *"Esfuérzate y se valiente porque yo voy a estar contigo"* (Josué 1:9)

Entonces prepárate para lo que Dios te va a dar, extiende tus ojos hacia afuera, sal de ti mismo, atrévete y actúa, ve por lo que sueñas y haz lo que tienes que hacer.

Cuando estamos en medio de una situación difícil, en ocasiones nos sumergimos en eso y sentimos que somos los más miserables, los que sufrimos más que todos en el mundo. Nos vemos a nosotros mismos dentro de un hoyo y pensamos que nadie nos entiende, nadie nos ve, nadie nos puede ayudar, parece que nadie se da cuenta de cuánto dolor tenemos.

Dios ha puesto sus ojos en ti, te quiere sacar de allí, pero tú tienes que esforzarte, saca tu cabeza del problema, ve hacia afuera, ensancha el sitio de tu tienda ¡extiéndete! En la medida que sea ensanchada tu tienda, es decir, tu mente, tu manera de pensar, así serán ensanchados los logros de tu vida y caminarás hacia adelante, ya no en círculos.

Una persona con muchos problemas, es muy común que en ocasiones se sienta en ese lugar de desesperación. Sin embargo hoy es diferente, Dios te dice: *"Ensancha el sitio de tu tienda"*, es algo que tienes que trabajar en tu mente ¿cómo? Simplemente en lugar de pensar todo el día "lo miserable que soy" (porque así pensamos) y en lugar de lamentarte, suéltale a Dios todo el paquete, llora con él un rato y luego levántate, él te dará las fuerzas. Entonces dedica tu tiempo a las cosas que alimenten tu espíritu.

¿Cuántos de tus problemas has resuelto pensando en ellos todo el día? Estar con pensamientos negativos nos destruyen, es como estar dando latigazos al alma cada instante, sin lograr nada más que sentirte peor cada vez. ¡Tenemos que salir de allí!

No te lastimes más. No permitas que esos pensamientos que laceran tu corazón estén en tu mente nunca más, son pensamientos destructivos que estarán atrayendo más desolación.

La biblia nos dice: "…declara con tu boca para salvación" también dice: "…declara lo que no es como si fuera" y también dice: "sean los dichos de mi boca agradables delante de Dios."

Pienso que Dios ha puesto al alcance de todo el mundo (ya que de Dios es el mundo y su plenitud) a manera de ciencia, Sus propios mandamientos, indicaciones, guía, herencia. Por ejemplo, la neurolingüística estudia los mecanismos del cerebro humano que facilita el conocimiento y la comprensión del lenguaje, esta ciencia recomienda que nos digamos frases positivas a nosotros mismos para ir borrando los pensamientos equivocados y negativos. Esto mismo es lo que Dios está diciendo desde hace muchos años, te repito lo que dice en el libro de los salmos: *"sean los dichos de mi boca agradables delante de Dios."* Entre muchas otras cosas, entonces ¿qué debemos hacer? Pues obedecer ¿no?

Bien, te recomiendo que elijas algunas frases para ti mismo que necesites con urgencia, es decir, si creo que soy un fracasado, entonces voy a decirme a mí mismo: Soy una persona exitosa. Te explico por qué: ¡Porque eres un éxito! Por principio de cuentas te recuerdo que Dios no hace nada inservible, eres maravilloso porque eres Su creación y eso te hace exitoso, solamente que con el paso de la vida llegó un momento en el que creíste que eras un fracaso. Ahora vuelve a tu estado original y ordénale a tu mente, a tu cuerpo y a ti mismo que eres un éxito, porque ¡Sí lo eres! Esa es la voluntad del Padre, es necesario que así sea, para ti y para dar toda la Gloria a Dios. Declaramos las verdades de Dios sobre cualquier realidad que estemos viviendo.

Cuando te encuentres pensando cosas que te hacen sentir muy triste, enojado, confundido ¡Detente! Y habla con Dios, dile que te ayude, declara los versículos de la biblia como "Jesús es mi roca firme, en él confío" (1Coritios 10:4), "Yo todo lo puedo en Cristo que me fortalece" (Filipenses 4:13), "Ninguna arma forjada prosperará contra mi vida" (Isaías 54: 17) "Yo tengo la mente de Cristo" (1Corintios 2:16) "Dios es escudo alrededor de mi vida" (Salmo 97). Hay muchas frases de Dios para ti y debes creer para que sean una verdad viva en ti.

Cuando decimos: "Al que cree todo le es posible" lo aplicamos a pensar en cosas como -"Algún día voy a comprarme un carro último modelo, yo lo creo." Y eso es bueno, pero empieza creyendo lo siguiente –"Soy una persona maravillosa, inteligente y capaz porque Dios me creó para triunfar, yo lo creo." Ahora repítelo todos los días.

El pastor David Yonggi Cho, en su libro La Cuarta Dimensión, explica que recientemente se ha descubierto que el centro cerebral que controla el lenguaje, es decir la lengua, tiene poder y dominio sobre los demás centros cerebrales. Esto quiere decir que cuando tú hablas todo tu cuerpo reacciona a lo que estás diciendo.

La biblia dice (y lo dice desde hace más de cinco mil años en el libro escrito por el Rey David: Proverbios.) "En la lengua está el poder de la vida o la muerte"

Ahora tenemos una explicación científica con la neurolingüística, pero está escrito desde hace muchos años, que lo que dices marca tu destino, sino te gusta lo que ahora tienes en tu vida, cambia tu manera de hablar.

¿Cómo está tú vida? ¿Qué estás pensando? ¿Qué estás hablando? La orden del cielo es "Alégrate" y todo cambiará. Y no te olvides de cantar, canta con alegría declarando victoria, felicidad, triunfo, esperanza. No cantes, esas canciones de "yo te amaba y tú te fuiste", "rata de dos patas", "Daría cualquier cosa por que volvieras".

Las canciones son declaraciones que haces a tu vida, por eso se dice que orar cantando es como orar dos veces, tiene un doble impacto, hablas a Dios y declaras a tu espíritu lo que estás

23

diciendo. Alzar la voz con canto es declarar a tu vida dos veces, ahora imaginemos qué es lo que pasa cuando cantamos letras como "la vida no vale nada", estás lanzando un doble impacto en ti y declarando que tu vida no vale nada y eso no nos da ningún fruto de vida.

Es mejor una canción que hable de ser transformados con la fuerza del amor... "Los que esperan en el Señor tomarán fuerzas como el águila" cantando declara lo que deseas ser.

Cuando tengas tiempo libre no alimentes tu espíritu de chismes y engaños como los de la televisión. Las personas alimentamos al espíritu a través de nuestros sentidos, es decir, lo que oímos, vemos, tocamos, olemos. Eso pasa por la parte del alma, en donde quedan los recuerdos, buenos o malos y de allí se convierte en alimento al espíritu, ¿tu espíritu es fuerte o débil? ¿Con qué lo estás alimentando? Puedes alimentarlo con chismes de la televisión, con pornografía, con rock pesado, con drogas. ¿Qué frutos tendrás en tu vida? Esas son las semillas con las que estás sembrando tu vida. Mejor ve a buscar libros de finanzas, de éxito, de personas que han triunfado, y sobre todo y más importante, que hablen de cómo Dios está contigo en todo tiempo y en todo lugar, hay mucho quehacer por nosotros y por nuestras familias, lleva alimento que te ayude a crecer en el alma, en tu mente y en tu espíritu. Esto último se logra con la oración, teniendo tiempos con Dios a solas, ve con él, cuéntale lo que te pasa y pídele que te consuele, así será ya lo verás, él permitirá que sientas la plenitud de su paz.

Los seguidores de Jesucristo siempre nos estamos reuniendo

porque sabemos lo importante que es tener la mente llena de las verdades de Dios para no ser más confundidos. Es así de simple: si nuestro ser se alimenta de lo que entra por los sentidos y si estamos en un periodo de sanidad, busquemos alimento sano al espíritu.

Cuando tienes un problema en el estómago, por un tiempo no comes nada que le irrite ¿verdad? Si durante el tiempo de enfermedad estomacal decides comer irritantes, lo haces sabiendo que habrá consecuencias, te sentirás mal nuevamente. Pero si te cuidas, podrás comer de todo (todo lo bueno) que quieras. A menos que te guste comer siempre comida que te perjudique.

Hoy Dios te quiere decir que cambies la estructura de tu mente "ensancha el sitio de tu tienda" comienza a alimentar tu alma y espíritu con cosas sanas. Aliméntate de Su Palabra (la Biblia), busca Su presencia con tiempos de meditación y oración.

Romanos 12:2 - *No os conforméis a este siglo, sino transformaos por medio de la renovación de vuestro entendimiento, para que comprobéis cuál sea la buena voluntad de Dios, agradable y perfecta.*

Cuando el apóstol San Pablo escribió a los Romanos estas palabras, él se refería a que no se dejaran llevar por las tendencias de la moda de la época, los nuevos pensamientos que tuercen las verdades eternas. Esto mismo se aplica ahora, no te dejes llevar por los nuevos pensamientos que corrompen la verdad de tu persona y del propósito de Dios que es eterno.

¿Ves? Todo está escrito en este maravilloso libro, solamente hay que aprender a entenderlo. En este versículo está muy claro: Tenemos que transformarnos, ¿cómo? Renovando nuestro entendimiento. Entonces así podremos comprobar la voluntad de Dios, que siempre es buena, agradable y perfecta.

Alguna vez te has preguntado "¿Por qué Dios no me bendice?" La respuesta está en que necesitas renovar tu mente y verás que allí están las bendiciones esperando llegar a ti, buenas, agradables y perfectas porque Dios ya te las dio ¡Compruébalo!

"Las cortinas de tus habitaciones sean extendidas" También sería bueno que voltees a tu alrededor y descubras que hay personas que sufren más que tú, hay quienes tienen dificultades muy grandes, más que las tuyas y las mías. En 1Corintios 10:13 podemos ver que Jesucristo nos prepara para soportar las dificultades con una palabra de consuelo: *13No os ha sobrevenido ninguna tentación que no sea humana; pero fiel es Dios, que no os dejará ser tentados más de lo que podéis resistir, sino que dará también juntamente con la tentación la salida, para que podáis soportar.*

Y en Juan 16:33 podemos leer: *33Estas cosas os he hablado para que en mí tengáis paz. En el mundo tendréis aflicción; pero confiad, yo he vencido al mundo.*

Jesús te dice: "Sí, estás triste lo sé, estás abatido y sin consuelo porque te abandonaron, pero hoy yo estoy contigo, levántate y ponte a cantar, Yo soy tu hacedor, esfuérzate, cambia tu manera de pensar para que cambies tu manera de vivir. Ya no serás más desamparado, ahora yo soy tu compañero, se fuerte, prepárate porque tengo cosas maravillosas para ti"

Hay que descubrir que la vida está llena de cosas para agradecer. Tenemos vida, que es una oportunidad de parte de Dios para seguir adelante. Pregúntate algo: ¿eres de las personas que ve una dificultad en cada oportunidad, o de las que ve una oportunidad en cada dificultad? Te recomiendo darle gracias a Dios por la vida y las fuerzas con las que te provee día a día ¡El amor de Dios es gratis hay que agradecerlo y decidirnos a buscarlo!

El agradecimiento es una muy buena forma de extendernos. "No seas escasa" O sea, ya no te menosprecies a ti mismo, ya no menosprecies tu vida, ya no menosprecies a tus hijos, más bien agradece por todo lo que tienes y por todo lo que eres.

Parafraseando un dicho que el Pastor Donato Lessin decía "Nunca menosprecies las pequeñeces de Dios" Y esto se refiere a que a veces Dios nos da poco (o así lo vemos) porque no estamos preparados para recibir más, pero Jesucristo dice: "Si en lo poco me eres fiel, en lo mucho te pondré"

27

Así que a partir de hoy da gracias incluso por lo más pequeño que tengas y también da gracias por tus cualidades como persona, todo lo bueno con lo que Dios te ha provisto.

Incluso, fíjate bien, el pastor Merlin R. Carrothers en su libro El Poder de la Alabanza nos habla de que hay que agradecer las dificultades, los problemas, las adversidades, porque en ellas encontraremos un aprendizaje que fortalecerá nuestro espíritu, pero además nos muestra que Dios transforma situaciones difíciles al tener un corazón agradecido. Realmente confiemos que Dios tiene planes de bien y no de mal para los que le aman. Así que seguramente en medio de un problema está Dios trabajando contigo para hacerte crecer.

A veces digo "Señor permíteme ver las cosas buenas que has puesto en mi para darlo a los demás. Permíteme ver las cosas buenas con las que me creaste para sentirme digna hija de un rey. Permíteme valorar tu creación en mí y no despreciar jamás la hechura de tus manos, ni en mí, ni en otros."

Hace pocos días fui a una conferencia y el ponente nos preguntaba ¿conoces tus talentos? Si no conoces tus talentos, entonces no conoces tu potencial y es lo mismo que subir a un auto de carreras para dar una vuelta a la manzana teniendo todas las posibilidades de subir a una autopista y hacer grandes recorridos, participar en carreras extraordinarias y ganar.

Una vez que conoces tus talentos empieza el recorrido, establece una meta, fíjate los objetivos que sean necesarios y todos los días vive para llegar allí. Habrá un tiempo de esfuerzo incansable, sigue adelante; habrá obstáculos, sigue adelante; habrá desviaciones, enfócate y sigue adelante. Lo que es seguro es que Dios estará contigo siempre.

²Ensancha el sitio de tu tienda" "Refuerza tus estacas" El pueblo hebreo desde Abraham hasta Jacob, y desde el éxodo hasta la conquista de Palestina vivía en tiendas, es decir, eran como ahora conocemos una casa o tienda de campaña. Estaban formadas por cortinas de pieles de cabra o de camellos y se estiraban por medio de cordeles o cuerdas atados a estacas, las estacas son como clavos de metal muy grandes que se clavan al suelo para dar firmeza a la casa. Así es, "metal firme al suelo para sostener la casa".

Si Dios nos ve tristes, entonces ve también que nuestra vida está débil. Y si la casa está débil, a los hijos les tenemos una casa pequeña, triste y débil. Eso les estamos heredando. Entonces la voz de Jesucristo dice: ¡Refuérzate! o sea doble fuerza, levántate firme. Y si nos lo dice así, es porque resulta ser una decisión que podemos tomar cada mañana: levantarse con angustia o levantarse con victoria. Tú decides, ya que él nos da las fuerzas, ¡Pídeselas! También Cristo nos necesita firmes para que se cumplan Sus propósitos a través de ti.

Cuando decidimos por la mañana levantarnos derrotados, es como si decidiéramos ignorar a Dios. Es como si dijéramos: "No él no está conmigo, no puede con mis problemas, no me ama." Te voy a contar algo que recientemente una amiga me platicó: La depresión comienza con una tristeza y sentir tristeza es lo natural, es parte de la vida. Pero hay una línea muy delgada que se puede cruzar sin darnos cuenta y es la que te lleva a la depresión, ésta es un problema severo del cual hay que huir porque tiene muchas consecuencias.

¿Sabes qué? La depresión es una forma de idolatría, es dar la espalda a Dios y abrir los brazos a una tristeza profunda, es egoísmo total, piénsalo bien, una persona deprimida sólo piensa en sí misma y en lo miserable que es, está negando la vida y con eso está negando a Dios. Cuando tenemos una problemática y la dificultad nos lleva a un abatimiento lógico, eso es normal, pero después tenemos que tomar fuerzas y pedírselas a Dios para salir de allí. Porque en realidad lo que Dios quiere es ver cómo nos levantamos y confiamos (como ese bebé ¿te acuerdas? Más atrás hablábamos de cómo Dios nos permite aprender a caminar, aún con caídas y tropiezos igual que los bebés, y así como ellos buscan los brazos de sus papás para tener seguridad al caminar, así nosotros buscamos a Dios para caminar sabiendo que él está allí con sus brazos abiertos) Busca la seguridad de Dios, su reconocimiento y amor y ¡Levántate!

"³Porque te extenderás a la mano derecha y a la mano izquierda; y tu descendencia heredará naciones, y habitará las ciudades asoladas." ¿Puedes sentir con tu corazón lo que Dios nos quiere decir? Tú le das un giro a los pensamientos y sales de ti mismo, te extiendes y refuerzas tu vida… entonces cuando estemos

listos, Dios hará lo demás. No hay opción, así será, Dios lo declara como un hecho. Te extenderás hacia la derecha y hacia la izquierda tarde o temprano porque Dios hoy lo declara y así será.

Sólo si tú quieres, él no puede hacer nada si tú no te mueves, si no das pasos. Si quieres, así será. Entonces de aquella persona sin sueños realizados, de esa persona estéril, no quedará nada. Porque te extenderás, caminarás hacia delante, habrá amplitud en la tienda de tu vida.

No más escasez, nunca más tendrás aflicción por tener poco. ¿Sabes que la riqueza o la pobreza es una cuestión de pensamiento? Hay quienes teniendo mucho se sienten muy pobres y hay quienes teniendo poco se saben ricos. Porque la riqueza no está en todo lo que puedes tener, sino en lo que tú crees que te hace falta. Por ejemplo: Una persona puede vivir en una colonia de nivel medio y sentirse miserable porque no vive en la colonia de más alto nivel. Y sin embargo, hay quien vive en esa misma colonia de nivel medio y se siente muy rica porque tiene más de lo que realmente necesita, lo ve como un lujo.

Es cuestión de enfoque. Extenderse no sólo nos habla de la parte económica, por ejemplo: Hay quien tiene una familia de papá, mamá e hijos y la mujer se siente miserable porque su esposo no llega a comer con ella todos los días por cuestiones de trabajo. Hay hombres que tienen una familia maravillosa y se sienten miserables porque su hijo no quiere ser abogado como él. Por eso

¡extiende tu actual manera de pensar! ¡EXTIENDETE! Dios te dice "Te extenderás una vez que refuerces tus estacas y ensanches el sitio de tu tienda mental".

Extenderse es hacer más de lo que creemos posible, es esforzarse, es sacar todo el potencial que tenemos dentro y hacerlo, tomar acción. Extenderse es atreverse a hacer lo que deseas hacer porque está en ti y sabes que te pertenece.

Hay ocasiones en que sabemos lo que debemos hacer, conocemos por naturaleza cual es el propósito de nuestra vida, pero algo te detiene y te haces mil preguntas: ¿Será de Dios, será para mí, estará bien? Las preguntas son muchas y yo le llamo temores, pero te aseguro que si está en ti, si es algo que edifica tu vida y al mundo entero, seguro que Dios lo puso allí (Estamos hablando de proyectos, decisiones que ya pasaron por todos los filtros sociales y morales aceptables. Quiero decir, que Dios no va a sembrar algo que vaya en contra de Su palabra).

Hubo un momento de mi vida en que con todo mi ser me harté de estar pasiva y con toda mi fuerza interior decidí actuar. Ese día todo cambió porque mi actitud religiosa se fue, es decir, ya no esperé confirmaciones del cielo, ni aprobaciones de las personas, ni señales celestiales, simplemente decidí actuar con la firme convicción de que mis sueños eran impulsados por Dios y lo creí, entonces comencé a actuar y llegó la bendición.

Pero fue algo que cambió dentro de mí, nuevamente Dios me sonrió y seguí Su voz, que para mí, son esos impulsos de fuerza y voluntad que me guían hacia el cumplimiento de Sus promesas.

Esto comienza dentro de ti. Una transformación empieza con la voluntad de cambiar la mentalidad de derrota. Una vez que sabes que Dios está contigo, te sientes victorioso ¡Eres victorioso! Y tu mente funciona en ese sentido.

Reforzar las estacas es algo que los demás deben saber, se tiene que notar el cambio en ti y eso se llama "Actitud". Ten la actitud de una persona victoriosa. Por allí se dice "si parece pato y actúa como pato, es un pato" Entonces si pareces victorioso y actúas como victorioso, eres victorioso.

Nombra las cosas que no son como si fueran, serás lo que desees ser, te sentirás como te quieras sentir, tú decide, no es algo fingido, no es algo sobreactuado, es algo que debe nacer desde tu interior porque Jesucristo lo hará en ti y todos lo verán. ¿Lo crees? ¡Vívelo!

Lo que heredes a tu descendencia se podrá multiplicar porque "El techo de tu vida, será el piso de tus hijos." Y no estoy hablando de bienes materiales, sino de actitudes, forma de pensar, forma de hablar, forma de ser, hábitos, costumbres y todo lo que nos lleva a crecer como hijos de Dios.

Cuando tomas conciencia de que tu padre es Dios, el creador de todas las maravillas del mundo, entonces eres consciente de que como todo hijo tiene la naturaleza de su padre, así tú eres de la misma naturaleza de Dios: creador, abundante, amoroso, valioso, etc.

Entonces nuestros hijos recibirán una herencia muy grande, "de naciones". Tus hijos bien cimentados serán capaces de heredar naciones porque Dios los preparará para ser líderes, tal vez hasta gobernantes... "heredarán naciones"

A partir de hoy tu vida está siendo transformada por tu amado Jesucristo, él te ha escogido para que recibas bendición, pero así como la recibes, también tu descendencia tendrá beneficios.

Una persona fuerte y victoriosa no puede más que tener hijos fuertes y victoriosos. Aunque claro que puede ocurrir lo contrario, porque no es una ley: Padres fuerte= hijos fuertes, pero como no estamos hablando de probabilidades, sino de lo que Dios declara a nuestras vidas y Él dice: *"y tu descendencia heredará naciones"*

La descendencia se refiere a los hijos, a los nietos y a los nietos de tus nietos y hasta por mil generaciones (Éxodo 20:6 "*y hago misericordia a millares, a los que me aman y guardan mis mandamientos."*) Dios prometió a Abraham ser padre de multitudes y hasta el día de hoy somos parte de esa promesa cumplida, entonces prepárate para que tu descendencia herede esas naciones de parte de Dios.

Nuestro amado va más a lo profundo "habitarás ciudades asoladas". ¿Sabes qué estoy haciendo con este libro? ¡Habitando ciudades asoladas! Porque un día yo recibí consuelo y también quiero que tú seas transformado desde el fondo de tu corazón, que recibas de Dios como yo he recibido, un gran consuelo.

Pero esto va más allá. Dios me ha permitido habitar en mí áreas que estaban asoladas. La palabra asolada tiene varios sinónimos: arruinada, empobrecida, arrasada, ruinosa, devastada. Todos nosotros tenemos áreas que están devastadas, arruinadas, asoladas, y Dios quiere que las habitemos, moremos en ellas. ¿Para qué? Para reconstruir, restaurar, edificar, sanar ¿Cuáles serán las ciudades asoladas que hay dentro de nosotros?

Por ejemplo, las primeras áreas que trató Dios conmigo fueron todas las heridas que cargaba por un matrimonio destructivo, el fracaso del mismo y la separación. Otra área fue la de la familia, es decir, la relación con mi mamá, con mis hermanos, y con mi padre aunque ya falleció. Después la relación conmigo misma.

Créeme esto último fue muy duro, perdonarme a mí misma me costó muchas lágrimas. Asumir la realidad que yo había construido, por cierto muy mala y reconocer el fracaso de mis intentos, ver mis errores delante de Dios me resultó muy doloroso. Hay una canción de Jesús Adrián Romero que dice: "Donde estuviera hoy si no te hubiera conocido" Pues así era conmigo,

35

cada vez mi vida iba más de picada y además desesperadamente busqué en todos lados menos en el Creador de todas las cosas, hasta que le conocí y me rescató.

Otra área fue la depresión. Recuerdo que todos los días al despertar, no quería y no podía levantarme, era un esfuerzo sobre humano y sólo por mis hijas me levantaba no sé cómo. Siempre me sentía abatida y así caminaba por la vida, sin rumbo ni esperanza, entonces un día tuve un diálogo con Dios, cuando estaba orando me identifiqué con lo que escribió Job y dije a Dios:

³Perezca el día en que yo nací,

Y la noche en que se dijo: mujer *es concebida.*

⁴Sea aquel día sombrío,

Job 3:3-4

O sea, que maldije el día en que nací y estaba muy enojada, para mí era mejor morir.

Y entonces Dios me contestó:

²¿Es sabiduría contender con el Omnipotente?

El que disputa con Dios, responda a esto.

Dios estaba preguntándome si era inteligente pelear con Él que es Omnipotente, Él me creó y yo estaba rechazando su creación. (Es necesario cancelar todo auto rechazo y créeme es muy frecuente que vivamos con auto rechazo sin darnos cuenta)

³Entonces respondió Job a Jehová, y dijo:

⁴He aquí que yo soy vil; ¿qué te responderé?

Mi mano pongo sobre mi boca.

⁵Una vez hablé, mas no responderé;

Aun dos veces, mas no volveré a hablar.

Y Job muy avergonzado se pone la mano en la boca y dice: "que te puedo decir, mejor no digo nada, no volveré a hablar" y así mismo yo hablé con Dios y luego dijo:

⁶Respondió Jehová a Job desde el torbellino, y dijo:

⁷Cíñete ahora como <u>mujer</u> tus lomos;

Yo te preguntaré, y tú me responderás.

⁸¿Invalidarás tú también mi juicio?

¿Me condenarás a mí, para justificarte tú?

⁹¿Tienes tú un brazo como el de Dios?

Job 40:1-9

Su respuesta es muy clara, firme y contundente. Es como cuando un padre regaña a un hijo caprichoso: "Levanta la cara y ponte derecha, ¿Vas a decirme que mis decisiones no son las correctas?, ¿Quieres criticarme para justificar tu debilidad?, ¿A caso tienes el poder de Dios para decidir si te doy la vida o te la quito?

Dios nos creó ¿cómo podemos decir no quiero la vida, cuando él nos la dio? Piensa en algo, Dios creó los cielos y la tierra, los montes, las aguas, las estrellas y todo lo que hay, y también te creó a ti ¿Te sentirías capaz, ahora, de despreciar tu vida? ¿Te imaginas al inmenso mar diciéndole a Dios: "No quiero ser mar, estoy deprimido porque no soy como el firmamento lleno de estrellas, mejor quiero secarme"? ¿Te lo imaginas? Cada gota del mar tiene un propósito divino y lo cumple sin decir nada. ¿Y nosotros?

Viendo todo en esa dimensión de grandeza y eternidad pregúntate ¿estás cumpliendo el propósito para lo que fuiste creado, o sólo te estás quejando?

Si tú no le encuentras sentido a la vida te voy a invitar en este momento que hables con Dios de esta forma:

"Dios no quiero vivir, lo reconozco. No hay dentro de mi algún motivo para hacerlo, es más no quisiera que lo hubiera. Me siento tan derrotado que me da igual despertar o no, pero ahora te pido, Dios, me perdones. El día de hoy aunque no me nace hacerlo te pido que pongas en mi tanto el querer como el hacer por tu buena voluntad. Reconozco que yo no puedo, entrego mi voluntad a ti, tu hazlo, sólo digo aquí estoy".

Escucha, si tú haces tu parte, Dios te llenará de vida, de fuerza, de sueños y metas en el momento que menos te imaginas. Como leíste en la oración: primero reconoce dónde estás parado, segundo, si quieres reclamarle a Dios, tercero dile que tú no puedes, cuarto pide perdón y quinto, entrega tu voluntad y deja que él lo haga por ti. Entonces Dios pondrá tanto el querer como el hacer por su buena voluntad.

Dios tiene el control de todas las cosas, pero ocurre que nosotros somos los que nos perdemos, nos soltamos de su mano, aun así él nos da la vida y así mismo la pondrá en su lugar.

Te quiero decir algo: Cuando reconozcas en ti una ciudad asolada, entonces tomarás posesión de esa tierra, y será sanada y restaurada. Entonces serás realmente lo que Dios diseñó en ti.

¿Qué quiere decir esto de ciudad asolada en mí? Quiere decir que cada uno de nosotros tiene dominio propio y por eso tenemos la capacidad de concientizar nuestras debilidades y tomar el dominio personal para controlarlo, por ejemplo, un mal carácter, o celos enfermizos, o una manera desordenada de gastar el dinero, la tendencia a sentirse víctima o menospreciado, etc.

Todo lo que te crea un problema, en realidad tiene una raíz en el alma que surge de la mente y allí se estableció por una experiencia desagradable. Detectar por ejemplo que tengo miedo de hacer las cosas que tengo que hacer, es descubrir una ciudad asolada en mí. Bien, una vez que lo descubro lo traigo en oración delante de Dios para que me ayude a resolverlo, me dé la fuerza y el discernimiento para derribar ese obstáculo y en su lugar establecemos las verdades de Dios, para que el alma sea sanada y esa ciudad ahora sea de bendición y victoria.   Serás realmente como Él te ha visto siempre: Hermoso, valiente, perfecto para Sus ojos.

Me gusta repetir, meditar y entender a profundidad el siguiente versículo: *No nos ha dado Dios espíritu de temor, sino de poder, de amor y de dominio propio.*(2ª Timoteo 1:7) ¡Esto es maravillosos! Ya nos ha sido dado el poder, el amor y el dominio propio ¿En dónde lo dejamos cuando decidimos estar angustiados? Habita tu mente, toma posesión de ella con las verdades del cielo.

Entonces seguirás extendiéndote e irás fuera de ti y llevarás esta verdad a otras ciudades, o más bien, a otras personas asoladas. Porque el plan de Dios ha sido y siempre será que todos volvamos nuestro corazón a Él para recibir consuelo y luego llevemos esas buenas nuevas a otros para que sean consolados y vivamos para cantarle con voces de Júbilo.

Trabaja en ti, si tú estás bien, tus hijos estarán bien, tu mundo estará bien y Dios te sonreirá cada día. Hay una frase que me gusta para que comiences a hacer lo que tengas que hacer:

"Tu mundo exterior refleja tu mundo interior"

Esto es fuerte, ¿cómo se ve tu casa? ¿Y tu coche, tu ropa y arreglo personal, tu esposa (o), hijos, amigos, trabajo? ¿Qué estás reflejando? ¿Seguro que eres un reflejo de la gloria de Dios? ¿Dios estará feliz de que portes Su Santo Nombre? Cuando yo me hice estas preguntas, mejor me postré delante de Dios para pedirle perdón y ahora con mucho esfuerzo quiero tener lo mejor para honrar el nombre de mi padre.

IV

NO TEMAS

[4]"No temas, pues no serás confundida; y no te avergüences, porque no serás afrentada…"

Después de que Dios nos manda prepararnos porque va a hacer grandes cosas en nuestra vida, también dice: "pero no temas". Una persona que estuvo triste y que además no ha dado a luz ninguna victoria, muy seguramente ha tenido una vida de opresión en donde el temor es lo de cada día.

Si a esa persona le dices "vas a ser grande y también tus hijos", puede sentir temor al pensar: "no voy a poder", "no sé cómo", "eso no es para mí", "yo no tengo la capacidad", "a mí todo me ha salido mal" "Nada lo hago bien" Todo esto refleja temor al fracaso, entonces Dios te dice "¡No temas! Porque no serás confundido", nadie te podrá confundir porque Jesucristo te acompaña.

Tal vez habrá quienes te quieran confundir, habrá quienes te juzguen o critiquen, pero tu corazón estará preparado y serás tan fuerte que tu corazón y tu mente no se podrán perturbar. Aunque alguien lo intente, no podrá.

Antes, cualquier persona tenía el poder de confundirme, humillarme, confrontarme, y me abatía fácilmente, cualquiera me hacía sentir mal. Pero ahora siento el respaldo de Dios, tengo la fuerza en Cristo para saber que por más que los comentarios vayan o vengan no penetran en mi corazón porque conozco la verdad de Dios y esta me hace libre. Y aunque hay ocasiones en que me siento débil vuelvo a esta palabra y digo: "Gracias Padre porque tú me has dicho que no seré confundida, ni avergonzada, ni afrentada, abrazo tus palabras que son la verdad"

El Salmo 91: 14-16 dice:

[14] *Por cuanto en mí has puesto tu amor, yo también te libraré;*

te pondré en alto, por cuanto has conocido mi nombre.

[15] *Me invocarás, y yo te responderé;*

Contigo estaré yo en la angustia;

te libraré y te glorificaré.

[16] *Te saciaré de larga vida,*

Y te mostraré mi salvación.

Este Salmo dice: "Por cuanto en mí has puesto tu amor, tu confianza en mí." Dios no puede hacer nada en tu vida sino confías en él y le amas.

Volviendo a la idea anterior, de que nadie podrá avergonzarte; no quiero decir con esto que voy a tener una actitud de soberbia pensando que ya nunca nadie puede decirme cuando realmente estoy mal. También Dios nos da la dosis de humildad para reconocer cuando nos equivocamos, pero recuerda, es muy diferente tener un corazón humilde, que es un don y otra muy distinta es ser humillado, oprimido o pisoteado.

"Levanta la cara, eres hijo mío y yo te defenderé, no serás más agraviado, ni insultado, ni lastimado." Dice el salmo "te pondré en alto por cuanto has conocido mi nombre".

Te voy a decir algo con mi corazón en la mano ¡Créelo! ¡Creé que estas palabras son verdad! ¿Sabes por qué? Te puede pasar como a mí. Ya nadie me insultaba, ya nadie me agredía, pero yo seguía en mi misma postura de mujer afrentada, no podía soltar mi postura de víctima, siempre era "pobre de mí" es que mis hijas hicieron, es que mi madre me dijo, es que mis hermanos comentaron tal o cual cosa ¿estas palabras te recuerdan algo? Es muy común escuchar a las personas decir, "es que todos me critican", "es que a nadie le caigo bien", "soy un estorbo para todos"... ¡Sal de allí!

Todas esas son ideas, son hábitos de tu mente porque te acostumbraste a vivir así, pero si Dios te dice "No serás más afrentada" créelo y vívelo. No tomes todos los comentarios de la gente como si te estuvieran atacando porque la mayoría de las veces no es así. Dicen por allí: "No te tomes nada personal"

Te voy a contar una anécdota que viví hace poco y que

47

tiene mucho que ver con todo esto. Un día renté una casa lindísima para mí y para mis hijas. Había orado por una casa, así como la que renté, entonces el día que nos fuimos a vivir allí estábamos felices. Pasaron cuatro meses y en ese mes me atrasé diez días con el pago de la renta. Ya sabes estaba muy afligida, pero me puse a orar y decidí confiar en que Dios me ayudaría. Bien, en esa confianza descansé y hablé con el dueño, mi sorpresa fue que se puso furioso y me pidió la casa, me dijo "ya no me pague nada ahora quiero que me devuelva la casa," De ese día en adelante se levantó un conflicto muy extraño, el dueño no paraba de ir a la casa para lanzarme una serie de insultos y agresiones que yo no podía comprender. La cosa paró en demandas y convenios ante las autoridades correspondientes. Por supuesto siempre confié en que Dios es quien me defiende y repetía este versículo y oraba: "Señor tú me dijiste que no tema porque no seré confundida, ni afrentada, así que te creo porque tu peleas por mí…" Al final este señor hasta se disculpó conmigo de manera milagrosa y me dijo que me quedara un mes más viviendo sin pagarle nada. ¿Y qué crees? Me quedé dos meses sin pagar nada (no lo hice por negligencia, así se acordó) Vivir dos meses en una casa sin pagar fue más por fe que por valentía, sobre todo cuando el dueño era como un perseguidor y un acusador. Pero siempre confiando en que Dios tenía todo bajo control y así fue, Dios me cuidó, me rescató y me salvó.

En estas situaciones vemos como la palabra de Dios se cumple porque Él es fiel y nos ama ¡Cuánto nos ama!

Dios me permitió ver en ese hombre un gran vacío, su esposa es una mujer oprimida y oro por ella y para que ese varón sea transformado por la gracia de nuestro amado Jesucristo.

Cuando sientas que alguien te está atacando trata de ver más de fondo y verás el corazón de las personas, tal vez estén gritando ¡auxilio estoy vacío! Te sorprenderás de lo que las personas tienen en su corazón. Verás personas vacías, dolidas, asoladas, con amargura. "Habítalas, consuélalas, ora por ellas".

Después de ser una mujer maltratada durante el matrimonio y después de perdonar, Dios me permitió ver el corazón asolado de mi ex esposo. Me di cuenta de que quien más insulta es quien más está sufriendo.

Todas aquellas personas que hoy no están con sus parejas, los que se fueron necesitan oración, porque nosotros ya estamos buscando a Dios, pero algunos de ellos no han encontrado descanso en su vida; ningún tipo de paz hay en ellos, y seguramente algunos son los padres o las madres de nuestros hijos.

Los invito a orar por su ex pareja, por aquellos que un día nos robaron la vida y nos arrebataron la dignidad, eso es muy cierto, pero si ya Dios nos perdonó a nosotros ¿No podremos nosotros perdonarles a ellos? ¿Acaso creemos que somos mejores? Nuestro amado Jesucristo nos ha proveído de vida y nos restituyó la dignidad y nos llenó de paz, estoy segura que quiere hacer lo mismo con ellos porque les ve sufrir y también les ama.

Es posible que hoy no lo puedas ver así, pero lo digo yo que me maltrataron, me humillaron y luego Dios me rescató, pude perdonar y hoy soy libre para tomar las fuerzas y seguir adelante ¡Se puede! Perdonar es libertad. Y lo dice Dios en su palabra: *14Porque si perdonáis a los hombres sus ofensas, os perdonará también a vosotros vuestro Padre celestial; 15mas si no perdonáis a los hombres sus ofensas, tampoco vuestro Padre os perdonará vuestras ofensas. (Mateo 6:14)* Por eso pidamos misericordia para sus vidas. Este no es un versículo condenatorio, de ninguna manera, es simplemente otra indicación de Dios para alinear nuestra vida a Su voluntad.

Vivir en la voluntad de Dios es tener paz, tranquilidad, armonía; es perdonar, amar, disfrutar. Vivir fuera de la voluntad de Dios es vivir en conflicto, estrés, confusión, odio, rencor. Esto es fácil, si tú perdonas vives en la voluntad de Dios y si no, pues ya estás condenado.

Algo más, te tengo noticias: Siempre habrá alguien que te critique, siempre habrá alguien que te rechace. Incluso, muchas veces más te equivocarás y muchas otras fracasarás, pero la noticia es que así es el camino de la vida y tú decides vivir como guerrero triunfante en cada batalla, o bien ser víctima derrotada en cada paso.

En este punto ya debes estar alegre por lo que está por llegar a tu vida, estarás cantando de amor y estarás declarando victoria; ya estarás extendiéndote hacia lo imposible y en acción constante. Todo eso te hace tan fuerte que ya no hay nada que temer. ¡Eres una persona valiente!

V

TE OLVIDARÁS DE LA VERGÜENZA

"sino que te olvidarás de la vergüenza de tu juventud, y de la afrenta de tu viudez no tendrás más memoria. [5]Porque tu marido es tu Hacedor; Jehová de los ejércitos es su nombre;"

Por lo menos yo si sentía mucha vergüenza de todos mis actos de la juventud, mi matrimonio fue una locura, hice muchas tonterías y luego cuando me divorcié, era una mujer señalada.

Como ya lo había mencionado, me había casado con un brujo, había leído cartas, y eso aparte de que no es agradable a Dios (también hago un paréntesis en esto porque definitivamente la brujería, las cartas, hechicería, o cualquier otra cosa en la que te quieras apoyar para mejorar tu vida, que no sea Dios, es idolatría: *[20]idolatría, hechicerías, enemistades, pleitos, celos, iras, contiendas, disensiones, herejías, [21]envidias, homicidios, borracheras, orgías, y cosas semejantes a estas; acerca de las cuales os amonesto, como ya os lo he dicho antes, que los que practican tales cosas no heredarán el reino de Dios.* (Gálatas 5:20) Deja a un lado todas esas costumbres que te alejan de Dios, en Él siempre habrá esperanza de vida, siempre que nos volvamos a Él, allí estará; pero eso es otro tema, digno de un estudio aparte).

Ser la esposa de un brujo no está bien visto socialmente y agrégale el divorcio, así que estaba señalada por la sociedad. Años después, cuando reconocí a Jesús como mi salvador y le escuché diciéndome: "Olvídate de la vergüenza de tu juventud y de la afrenta de tu viudez, porque tu marido ahora soy yo, Jehová de los ejércitos es mi nombre", sentí ardor en mi corazón, me desmoronaba delante de Dios. Mi corazón se quebrantó delante del amor que siempre había esperado, era como un bálsamo sanador derramándose en una herida muy abierta, en realidad eso arde y duele, pero al final sana.

Mi alma había encontrado consuelo y ya nadie podría señalarme nunca más. Si el mismísimo Dios me decía algo así como: "Ya no te acuerdes de lo que pasó, ya olvida la vergüenza, hoy te tomo como mi esposa, yo te cuidaré y te amaré." Cualquiera llora de amor y arrepentimiento delante de tanto amor y misericordia. Porque además el nombre de mi esposo es Jehová de los ejércitos "de los ejércitos" quiere decir que él me defenderá de todas las cosas, tal vez en medio de una batalla espiritual que yo desconozco, pero "él pelea por mi" Y por ti también. *"No temáis; estad firmes, y ved la salvación que Jehová hará hoy con vosotros; porque los egipcios que hoy habéis visto, nunca más para siempre los veréis. 14Jehová peleará por vosotros, y vosotros estaréis tranquilos."* Éxodo 14:13-14

Hay algo que debes saber y es muy importante. El temor tratará de entrar a tu mente y a tu corazón, primero porque puede ser que fue un hábito durante muchos años en tu vida (como lo fue en la mía) y segundo porque es más fácil sentir temor que tener fe.

La fe y el temor están en la misma línea, en los polos opuestos. Lo que quiero decir es que puedes mantener toda tu fuerza, todo tu corazón y toda tu mente en fe y eso te dará la victoria porque estarás en sintonía con Dios. O bien, puedes usar toda tu fuerza, todo tu corazón y toda tu mente en el temor y eso te tendrá derrotado porque estarás negando a Dios.

Te sugiero analizar tu vida y evalúa entonces si tu mente está en el canal de la fe, creyendo, avanzando en medio de dificultades, oposiciones, en medio de conflictos ¿Vives en victoria? O bien, tu mente está dando paso al temor. ¿Cómo es tu vida? Todos tenemos situaciones adversas, pero el resultado en ti es de victoria (Fe) o es derrota (temor).

El parámetro no es con otras personas, el parámetro es contigo mismo, si estás avanzando o estás atascado en lo mismo. Cada quien debe evaluarse a sí mismo delante de Dios y que cada día sea un aprendizaje. Por eso sabemos que caminamos confiadamente sabiendo que Dios nos ama y nos ayuda en todas las cosas.

"Él es mi hacedor" Hay dos sentidos en esta frase, la primera es la siguiente: Él nos hizo, nos creó, hay perfección en la obra de Dios, así que si él es nuestro hacedor (quien nos hizo) entonces podemos estar confiados en que así como somos, somos perfectos en sus planes.

Ciertamente venimos contaminados de una vida de pecado y hay muchas cosas que reconstruir, pero la esencia de nuestro ser, esa parte que reconocemos de nosotros mismos que sabemos que agrada a Dios, esa tiene que salir a la superficie, porque fue la que Dios creó con un propósito, te invito a que encuentres la esencia de ti mismo y seas tal cual eres.

Cuando te das permiso de fantasear sobre ti mismo acerca de una situación determinada y cierras tus ojos para imaginar cómo actuarías, siempre te imaginas a una persona segura de sí misma, con aplomo e inteligencia al contestar o platicar con alguien. ¡Ese eres tú realmente! Esa persona que te has imaginado es la parte de tu ser que necesita salir para hacerse real. Te imaginas triunfando en esa área que sólo tú conoces y te imaginas que te aplauden... eso es bueno, Dios ha puesto en ti el deseo de ser reconocido porque eres de la misma naturaleza que tu Padre Dios. Él busca tu amor, tu adoración, busca que le hables y busca tu corazón. Así mismo nosotros buscamos ser reconocidos, amados, escuchados, nos gusta que nos pidan consejos, nos gusta ayudar a otros ¡Esa es la naturaleza de Dios en ti!

Es necesario que todos saquemos a la persona que hay dentro y que es extraordinaria, es la creación de Dios. Es necesario, es necesario y urgente que así sea. Para que se cumplan los propósitos de Dios en la tierra.

La segunda intención de "Él es mi hacedor" es la siguiente: Cuando vemos a una pareja donde el varón se esmera en atenciones por su esposa, abre la silla y le ayuda a sentarse a la mesa, le pregunta que te traigo, quieres algo más, etc. ¿No sueñan con algo así? Yo lo anhelaba, pero ahora me doy cuenta que ya no lo necesito, porque mi esposo es mi hacedor... así es conmigo mi Dios ¿qué quieres, qué necesitas? Y aún más, a veces hasta responde una oración, sin haberla orado. Me refiero a que cuando decimos que Dios nos ama es porque como ese hombre ama y cuida a su esposa, así mismo nos ama Dios y nos cuida. La pregunta es ¿qué le da esa esposa a su esposo para que la ame así? Pues amor y cuidados igualmente ¿no crees? Si tienes a Dios como alguien a quien acudir en los problemas nada más, básicamente eso no es amarlo. ¿Cómo amar a Dios? Cántale, háblale, escúchalo, búscalo, siéntelo. Ten una cita con Él cada día, sin falta. ¡Wow, verás lo que pasa!

Ahora tengo un esposo que todo me da y más. Y quiero compartir esta relación con todos ustedes, que todos sepan que Dios está allí esperando que le abras la puerta. *"²⁰He aquí, yo estoy a la puerta y llamo; si alguno oye mi voz y abre la puerta, entraré a él, y cenaré con él, y él conmigo."* (Apocalipsis 3:20)

Dios nos conoce más que nosotros mismos, *⁵Antes que te formase en el vientre te conocí, y antes que nacieses te santifiqué,* (Jeremías 1:5) Por eso nos quiere consolar y quiere ser nuestro compañero por siempre.

Dios nos muestra a través de su palabra un esquema perfecto de cómo debería de funcionar una familia: El esposo sujeto a Dios en obediencia y atento a su voz, pues Cristo es cabeza principal en la familia; la esposa sujeta a su esposo, pues una vez que el varón se sujeta a Dios, la mujer confiadamente obedece al esposo, pues al obedecerle, realmente está en la voluntad de Cristo; y los hijos obedecen y honran a sus padres.

En el caso en el que el esposo no está, este esquema queda de la siguiente manera: Cristo como cabeza principal y ÚNICA; la mujer se sujeta a su esposo Jesucristo y los hijos obedecen y aman a Dios como un padre y honran a su mamá ¿No es hermoso? ¡Es un privilegio! Dios tiene mayor cuidado de nosotras y de nuestros hijos. Nunca más digas "soy mujer sola" porque ya no es así.

En el caso de faltar la mujer en el matrimonio, de igual manera, el varón sujeto a Cristo guía a su familia y sus hijos obedecen al papá terrenal y al papá celestial, Dios padre sustentará a los hijos supliendo el amor de la madre de formas maravillosas.

Saca de tu cabeza la idea de que eres mamá y papá de tus hijos, o que eres un papá-mamá, eso no es posible en ningún sentido, otórgale a Jesucristo el lugar de verdadero padre en tu familia y el responsable de suplir el amor de una madre, él completa lo incompleto. Desde hoy siembra en el corazón de tus hijos que en tu casa hay una familia completa con Cristo Jesús.

Creo que hay mucho dolor en todas las personas que han caminado sin conocer que Dios está a su lado, son personas con dolores físicos y emocionales, con dolores en el alma y en el espíritu. Pero hay un dolor muy profundo, ahora quiero referirme especialmente al dolor de una persona viuda, la que ha perdido a su pareja en una muerte inesperada.

Ese es un dolor que no está envuelto con agresiones, ni amargura, no hay odio a una persona que la maltrató y la abandonó. Es más bien el dolor de alguien a quien simplemente se le arrancó una parte de sí mismas con la muerte de su pareja de vida.

A esas personas viudas que después de una larga o corta vida en pareja, siempre caminando con alguien, discutiendo asuntos en común, reclamando tiempo y atención absoluta. Las personas que se sintieron completas junto a quien las amó y las respetó.

No conozco ese dolor, he perdido a mi padre, he perdido a mi mejor amiga, perdí a un bebé a los seis meses de gestación, pero nunca he experimentado un dolor como el de la viudez. A esas personas hoy Dios les dice:

"Hijito mío, no temas, mi mano te cubre,

No temas, Yo te levantaré.

En el día de la necesidad contigo estaré.

Mi amor derramado en ti,

Mi amor, cubriendo tu corazón,

Ni los ángeles, ni principados,

Te podrán apartar de mí."

Este párrafo lo escucho frecuentemente en una canción de Marcos Barrientos y está tomado de varios pasajes de la Biblia, así que cuando lo oigo, siento el abrazo de mi Padre poniendo ungüento de paz a mi corazón.

Tengo una amiga que quiero mucho, recuerdo con cariño como se preocupó por mi cuando apenas empecé a caminar en mi relación con Dios, su vida es un ejemplo de fuerza y carácter.

Ella es viuda desde hace once años, tiene ocho hijos, ya todos son mayores de edad y tienen una vida hecha, la mayoría de sus hijos sirven a Dios de una u otra forma, tiene nietos ya casados y su nieto más pequeño tiene tres meses de nacido.

Cuando uno la ve, puede ver la imagen de una mujer fuerte y si pudiéramos ver dentro de ella veríamos un corazón gigante que tiene amor para dar y regalar, con un simple abrazo sabes que su capacidad de amor viene de Dios porque su vida no fue nada fácil, vida de luchas y batallas, pero sin batalla no hay victoria, así que ella es una mujer victoriosa. ¿Por qué hablo de ella?

Hace treinta años, su esposo tuvo cáncer y los doctores le daban un mes de vida. En ese tiempo ella estaba rodeada de seis pequeños y no sabía que hacer ¿qué iba hacer sin su esposo? Dios tuvo misericordia de esta familia y ellos le creyeron. Este varón vivió esos treinta años más de lo dicho por los doctores, vio a la mayoría de sus hijos casarse, y crecer a alguno de sus nietos. Ya con una vida estable en cada uno de sus hijos, Dios lo llamó a su presencia.

Mi amiga, después de una larga vida junto a su esposo y con todos sus hijos con una vida propia ¿cómo se siente ahora que es viuda? "Estoy agradecida con Dios, porque me permitió vivir con mi esposo mucho tiempo más del que pensábamos. Cuando una mujer recibe la viudez sin Cristo, eso es una gran tragedia, pero con Cristo, tienes las fuerzas suficientes para levantarte del dolor".

"Aunque tengo mucha familia y ahora vivo solamente con una hija soltera que trabaja todo el día, nunca me he sentido sola porque mi esposo es mi Señor Jesús, él es el que me sostiene y tengo tiempo suficiente para orar, ir a los estudios bíblicos, preparar el estudio de mi reunión, puedo ir a los hospitales a orar por los enfermos y visitar personas que necesitan conocer el amor de Jesucristo."

Me gustan las palabras que salen del corazón de mi amiga y las quise compartir con ustedes.

También hay otro tipo de soledad y abandono, aquellas personas que viven con su esposo (a), pero también están solas. Viven con su pareja, pero más valía que vivieran solos: A las mujeres que han sido abandonadas aún con su esposo en casa, a los hombres que su mujer los tiene como un cero a la izquierda, a ustedes les quiero decir ¡También Jesucristo es tu compañero! A ti te habla Dios en este día, porque él no ve lo que ve el hombre, sino ve la condición del corazón.

Esta palabra tiene todas las promesas de restauración en la ciudad asolada de tu matrimonio, Jesucristo mismo tomará tu matrimonio en sus manos y a su tiempo lo restaurará, lo he visto muchas veces. He visto amigos que con un matrimonio al borde del divorcio, de pronto son restaurados y siguen con un matrimonio sano, restaurado y feliz.

Pero si hoy estás batallando con un esposo o con tu mujer que te tiene abandonado, entonces estas palabras son para ti: ¡No temas, mi mano te cubre! Te dice el amado, el amado de tu alma. En el tiempo de restauración tómate de la mano de Jesucristo y no lo sueltes, sigue orando por tu matrimonio y a Cristo adórale, ámale, cántale, él es tu hacedor, es ahora tu compañero.

Tu pareja te abandonó en espíritu y alma, tal vez ni físicamente se acerque a ti aunque vivan juntos; entonces nuestro Amado Jesucristo toma su lugar para que te sientas amado porque te ama en verdad.

(Quiero abrir otro paréntesis: Desafortunadamente vivimos tiempos de mucha violencia, existen matrimonios en donde la violencia física, verbal y psicológica son el pan de cada día. Hay mucho peligro en quedarse en un ambiente tan hostil, cada uno es dueño de sus propias decisiones para quedarse o salir de allí. Lo que quiero que sepas es que Dios no está de acuerdo en que ninguno de sus hijos viva denigrado y con su dignidad destruida. Por ejemplo, si tu pareja rompió el pacto del matrimonio con adulterio y además se muestra agresivo, no te quedes allí.

Jesucristo puede restaurarlo todo, pero tú ponte a salvo hasta que sea notoria la restauración.)

¿Qué es un esposo, una esposa? Es la persona a la que se ama y se ama porque se ha conocido lo suficiente y se admira por ser como es, las preferencias de ambos se parecen, van por un mismo camino. Cada uno camina en su lugar y van de la mano juntos hacia un mismo destino, aunque cada uno tenga metas individuales, incluso se van acompañando y apoyando. Es con quien se desea pasar el resto de la vida para envejecer juntos, todo esto con mucho esfuerzo y con la gracia de Dios.

El esposo ama a su esposa, la cuida y la protege. Es el proveedor y cabeza del hogar, es quien decide hacia dónde camina la familia. Y la esposa es su ayuda idónea, es decir, la mujer justa y exacta para él, quien lo ayudará, apoyará y será obediente a su esposo. Esto es lo natural, es decir, Dios puso en la naturaleza de la mujer buscar protección y guía y en el varón el ser protector y guía.

Esto no quiere decir que la mujer no pueda opinar o sólo ser una marioneta ¡No! En el libro de los Proverbios leemos lo que es para Dios una mujer virtuosa y allí podemos ver a una mujer que cuida su casa, es orgullo de su esposo y además es empresaria, altruista y se desarrolla en todas las áreas de su vida, incluyendo en la profesional. Esto es muy diferente a que la mujer tome el lugar de cabeza de familia cuando tiene esposo. (Simplemente porque un barco sólo lo puede dirigir un capitán, así es con la familia, Dios dispuso que el varón es el capitán de la familia, bajo el temor de Dios y la mujer su ayuda idónea.)

También cabe mencionar que la biblia dice que la mujer es la ayuda del varón, es decir, que el varón necesita quien le ayude y a decir verdad, las mujeres sabemos que el hombre siempre necesitará la ayuda de una mujer. Y otra cosa, cuando la biblia dice que la mujer se sujete a su esposo, simplemente quiere decir que la mujer siempre va a necesitar el apoyo de su esposo. Las mujeres sin esposo nos apoyamos en Jesucristo mismo (créeme es una gran ventaja).

En realidad Dios tomará la dirección de tu familia cualquiera que sea la situación, y te proveerá, amará y procurará, será tu Hacedor. Como un compañero amoroso. Entonces tú sólo desearás amarle, servirle, enamorarte cada día (aún los caballeros pueden sentir ese amor fraternal por Dios, el amor a un padre, amigo y compañero).

Con Dios es muy fácil siempre y cuando tú lo decidas hacer, él te ayudará, si se lo pides pondrá "el querer como el hacer por Su buena voluntad" (filipenses 2:13) ¿Quién no quiere vivir para amar a una persona así? Jesucristo es el hombre y nunca te fallará… Además hay una garantía que no encontrarás por ningún lado, él jamás te abandonará, ni te dejará de amar, tampoco te será infiel, ni te defraudará.

He pensado que en medio de tanto dolor por el que hemos

pasado, él nos ha escogido para algo especial porque conoce nuestro corazón, ha visto la fortaleza, valentía y grandeza de espíritu para amar aún en medio de la tempestad. Porque nos mantuvimos firmes hasta el final.

Entonces te invita a que te prepares como la reina Ester ¿conoces la historia? En el libro de Ester podrás encontrar una maravillosa historia de amor. Pero específicamente en Ester 5:3 encontrarás cuando la reina se presenta ante el rey y él queda fascinado con su belleza, le dice: "pídeme lo que quieras porque hasta la mitad de mi reino te daré" ¡¿Te imaginas?! Si tú te preparas para el rey (Jesucristo), te dirá un día "pídeme lo que quieras" Entonces tú dices "Señor salva a mi pueblo", como dijo Ester, pero además dirás "Señor salva a mi familia, libra a la juventud de las drogas, lleva libertad a las mujeres que sufren violencia, levanta a los varones que se sienten vacíos, desorientados, fracasados, etc...."

Se necesitan personas valientes que reconozcan su lugar delante de Dios y asuman su responsabilidad, Ester ya anteriormente sabía que podía perder la vida al presentarse ante el rey sin ser llamada, pero ella dijo "Y si perezco, que perezca" ¡Mujer valiente! Logró salvar a su pueblo de la muerte ¿qué te parece?

"Abandonados y desamparados" Dios te ha llamado a ser una persona valiente porque conoce tu corazón y la fuerza de tu espíritu, ya fuiste probado y él sabe que cuenta contigo y confía en ti. Fue muy duro, pero hoy Dios toma tu vida en sus manos y la transforma en victoria... esas victorias vendrán, seguro que vendrán, pero necesitas pasar el tiempo de recuperación con el amor de Cristo.

Se fiel a tu Dios, espera sus maravillas, a algunos de nosotros en un tiempo Dios nos dará una pareja, y será maravilloso porque será la persona perfecta que ha escogido para cada uno. No será solamente algo bueno, será lo mejor.

Hay otros a los que Dios les prepara para solamente desear vivir para él, pero no temas, será un deseo genuino que nazca del corazón y también a su tiempo lo sabrás con certeza. Sé que pensar en la posibilidad de vivir sin una pareja puede ser una idea que de momento hasta asuste, pero no quiere decir que habrá soledad, al contrario el amor de nuestro Amado Jesús los acompañará como a ninguno otro.

En Isaías 53:6 *"...Ni diga el eunuco: He aquí yo soy árbol seco. ⁴Porque así dijo Jehová: A los eunucos que guarden mis días de reposo, y escojan lo que yo quiero, y abracen mi pacto, ⁵yo les daré lugar en mi casa y dentro de mis muros, y nombre mejor que el de hijos e hijas; nombre perpetuo les daré, que nunca perecerá."*

Te preguntarás ¿qué es un eunuco? En Mateo 19:12 el Señor habla de tres categorías de eunucos: los que lo son de nacimiento, los que otras personas los hacen eunucos (es decir, castrados) y los que son eunucos por razones o causas espirituales, o sea, que están dispuestos a negar sus deseos sexuales naturales y no casarse, por el amor a Dios.

El apóstol Pablo en su carta a los Corintios habla de la siguiente manera: *"Quisiera más bien que todos los hombres fuesen como yo; pero cada uno tiene su propio don de Dios, uno a la verdad de un modo, y otro de otro.*

8Digo, pues, a los solteros y a las viudas, que bueno les fuera quedarse como yo; 9pero si no tienen don de continencia, cásense, pues mejor es casarse que estarse quemando." (1 Co,7:7-8)

Algo que platico con mujeres que no tienen pareja y es su deseo agradar a Dios y guardarse para Él, es la parte del deseo sexual ¿Qué hacemos? Una persona que tiene tiempos de oración, en realidad está viviendo más en el espíritu que en los deseos naturales físicos, para estas personas (mujeres o hombres) resulta menos complicado ayunar, por ejemplo, o tener tiempos de oración por largas horas en la madrugada, sin dormir y entonces también es fácil vivir sin el deseo sexual.

Pero si por acaso aparece, no es como el dormir o el comer, el deseo sexual no se puede satisfacer así nada más, un acto sexual tiene muchas implicaciones espirituales, las relaciones sexuales las hizo Dios para el matrimonio y es algo maravilloso (también es un estudio aparte, muy extenso) entonces una persona que quiere agradar a Dios guarda su sexualidad pidiendo a Dios don de continencia, está explicado en el versículo que leímos anteriormente. Entonces pides a Dios don de continencia y Él te lo da, se acabó la situación.

Así que vivir casados o solteros por la gracia de Dios, está bien porque será la voluntad de Dios que es perfecta a nuestras vidas, pero el primer paso es ser fiel al amor de Jesucristo.

VI

SOY TU REDENTOR

"Tu Redentor, el Santo de Israel; Dios de toda la tierra será llamado. [6]Porque como a mujer abandonada y triste de espíritu te llamó Jehová, y como a la esposa de la juventud que es repudiada, dijo el Dios tuyo."

Tu redentor ¿sabes que significa redención? Los israelitas llamaban «redención» al acto de vengar la sangre de un pariente; al que lo hacía llamaban «redentor». El acto de pagar por alguien que estaba vendido y dejarlo en libertad. Redentor era asimismo el que compraba las tierras de un pariente difunto, para que no se perdieran.

Entonces por medio del Sacrificio de Jesucristo en la cruz, por medio de Su sangre fuimos compradas y liberadas. Fue un acto físico, pero también espiritual. Fue el acto de amor más grande que se ha escrito en la historia porque fue una decisión. Jesucristo decidió obedecer al Padre y morir crucificado en una cruz de forma cruel y vergonzosa, simplemente por amor.

Él nos amó desde antes de la fundación del mundo y desde siempre nos ha querido ver sanas, libres, victoriosas. Cuando Dios nos creó y nos dio vida, también puso en nuestro interior un propósito único e irrepetible, un propósito grande y maravilloso que cada una de nosotras reconoce y anhela verlo hecho realidad.

¿Cómo perdimos el camino? Pues las dificultades de la vida, el desconocimiento de Dios, los afanes, preocupaciones, etc., nos llevaron por donde no queríamos ir, pero la buena noticia es que podemos volver a nuestra esencia, al propósito original para lo que fuimos creados y hasta descubriremos que el camino era necesario para llegar a la meta.

Cuando quieres volver a ese propósito original y tu vida está completamente destruida, cuando ya no tienes fuerzas, cuando haces todo y no te sale nada, entonces buscas a Dios y Él está allí y te muestra a su Hijo Jesucristo, para que por medio de Su sangre, a los pies de esa cruz reconozcas que le necesitas.

Su inmenso amor lo llevó a la cruz cargando nuestras enfermedades, cargando nuestros pecados y vergüenzas para que nosotros fuéramos libres. Es así que por medio de su sangre podemos reconciliarnos con Dios y recibir todas sus promesas.

No todas las personas quieren acercarse a Dios de manera sincera y real, pero si tú quieres que Dios tome el control de tu vida porque ya la echaste a perder suficiente, entonces te invito hacer una oración. Pero antes lee estos versículos:

Romanos 10:9-13

"Esta es la palabra de fe que predicamos: ⁹que si confesares con tu boca que Jesús es el Señor, y creyeres en tu corazón que Dios le levantó de los muertos, serás salvo. ¹⁰Porque con el corazón se cree para justicia, pero con la boca se confiesa para salvación. ¹¹Pues la Escritura dice: Todo aquel que en él creyere, no será avergonzado. ¹²Porque no hay diferencia entre judío y griego, pues el mismo que es Señor de todos, es rico para con todos los que le invocan; ¹³porque todo aquel que invocare el nombre del Señor, será salvo"

¡Hazlo! Confiesa con tu boca que Jesucristo es el Señor de tu vida, confiesa que crees con tu corazón que Dios le levantó de entre los muertos. Recibe a Jesucristo como tu Señor para que puedas ser heredero de estas promesas que están escritas.

Te quiero preguntar ¿Tú crees que Jesucristo es el hijo único de Dios y dejando su condición de Dios, nació como un hombre para morir por ti? ¿Crees que Jesucristo resucitó de entre los muertos para darnos vida y ahora está sentado a la derecha del Padre, vivo? Si respondiste a todo que sí, entonces repite con todo tu corazón y en voz alta la siguiente oración: "Señor Jesús, el día de hoy te reconozco como mi Señor y Salvador, estoy arrepentido de todos mis pecados y te pido perdón, ven a mi corazón y límpiame. Yo creo que moriste por mí en esa cruz y que por tu sangre seremos salvos yo y todos los de mi casa, amén"

¡Hay fiesta en el cielo! Tu nombre se ha escrito en el libro de la vida (Lucas 10:20), busca una biblia y ten una relación con Dios a través de su Santa Palabra, a partir de hoy él está contigo como nunca antes. Háblale y pídele que te hable.

¿Te fijas como Dios ve la condición de una persona triste de espíritu? Y nos quiere levantar ¡sacar de allí! Para que le hagamos nuestro Dios, nuestro salvador, **nuestro compañero**.

Salmo 27

4Una cosa he demandado a Jehová, ésta buscaré;

Que esté yo en la casa de Jehová todos los días de mi vida,

Para contemplar la hermosura de Jehová, y para inquirir en su templo.

"... como a la esposa de la juventud que es repudiada..." ¡Dios de toda la tierra será llamado! Ese es nuestro Dios, quien nos llamó para salvarnos. Él es nuestro redentor, pagó por nuestras tristezas, pagó por nuestras humillaciones, pagó por ese momento en el que fuimos repudiados por aquella persona que en algún momento fue nuestro príncipe azul o la mujer de ensueño y luego se convirtió en verdugo.

Él nos llama y nos dice: "Levántate, sacúdete y siéntate… porque ha venido tu luz. Ya es hora, levántate y resplandece que yo estoy contigo." Estas palabras te indican claramente tomar acción, me acuerdo de aquella vez que te conté en la que me harté de estar pasiva, entonces tomé acción porque estas palabras que hoy escribo aquí, Dios me las venía diciendo día a día, mes tras mes y yo no hacía nada. Entonces, ese día, me pinté el cabello, luego en los siguientes días me lo corté, me cambié el peinado, elegí nuevas combinaciones de ropa que antes no usaba (no compré ropa nueva porque todavía no me alcazaba para eso) pero cambié mi arreglo personal, cambié mis hábitos personales. Comencé una dieta, hice ejercicio en las mañanas y lo más importante tomé decisiones sin ningún temor… hasta me cambié de casa.

Cuando en las noches llegaban pensamientos de preocupación a mi cabeza, comenzaba a repetir: "Soy hija de Dios, el perfecto amor hecha fuera todo temor, porque Él es escudo alrededor de mi vida y la victoria es mía…" y así me quedaba dormida. Si alguien me decía: "¿qué vas hacer?" (Siempre hay alguien que se preocupa y se agradece, pero esa preocupación trae temor implícito), entonces respondía: "No te preocupes, Dios está a cargo."

Dios ya me lo había dicho "Yo soy tu redentor", es decir, tenemos que vivir creyendo para que la palabra de Dios se cumpla. ¿Te digo algo? No es fácil, la verdadera batalla está en la mente. Por un lado leo que Jesucristo pagó precio de sangre en la cruz para que yo viva en victoria y por otro lado llega el dueño de la casa que estoy rentando y me la quiere quitar. Esa es la prueba que Job superó cuando le fue quitado todo lo que tenía y aun así siempre supo que Dios mismo lo justificaba por la integridad en la que vivía y nunca se apartó de la confianza que tenía en Dios. Al final Dios lo bendijo devolviéndole todo lo que le había sido quitado.

Mantener la confianza en medio de la dificultad es la verdadera fe en acción. Avanza, avanza, no te detengas, sigue adelante cuando Dios ha puesto un plan en tu corazón. El llamado es real cuando permanece en ti a pesar del tiempo, a pesar de las circunstancias, a pesar de ti mismo.

Decir "lo creo", pero actuar de manera temerosa es incoherente. Vivir en temor obstruye las bendiciones porque es incredulidad y al mismo tiempo soberbia que es idolatría.

Tengo una frase muy interesante que casi me la repito a diario:

"Sin culpa, se puede soñar;

Sin temor, se puede avanzar y

Sin duda, se puede triunfar."

Entonces fuera todo sentimiento de culpa, porque "no hay condenación para los que aman a Dios". Fuera todo temor, porque "No hemos recibido espíritu de temor, sino de poder, de amor y de dominio propio". Y fuera toda duda que es incredulidad y "sin fe es imposible agradar a Dios."

VII

POR UN MOMENTO ME APARTÉ

7 "Por un breve momento te abandoné, pero te recogeré con grandes misericordias. ⁸Con un poco de ira escondí mi rostro de ti por un momento; pero con misericordia eterna tendré compasión de ti, dijo Jehová tu Redentor."

Cuando un hijo se va de su casa en forma arrebatada, el dolor que causa a sus padres es muy fuerte y con todo su dolor, dejan de preguntar dónde está, estará bien, tendrá para comer, qué estará haciendo… simplemente lo sueltan y se apartan.

Aunque para ser sinceros algunos padres que son más amorosos, de vez en cuando buscan a los amigos y les preguntan dónde está la criatura, si está bien o no y aprovechan para mandarle saludos, así el hijo sabrá que sus padres están allí por si un día decide volver.

Hay padres que definitivamente guardan amargura y no vuelven a buscarlos, más aún, los repudian, en esos casos la situación se hace complicada. Y eso es tema para otro estudio. Pero si el hijo vuelve arrepentido (en casos normales) los padres le abren sus brazos y le dicen, te apartaste de nosotros, pero hoy te volveremos a cuidar.

Así es con Dios, pero como él es Dios, hace las cosas más maravillosas y entonces nos dice "te recogeré con grandes misericordias" (Misericordia.- *Aspecto compasivo del AMOR hacia el ser que está en desgracia o que por su condición espiritual no merece ningún favor.-Diccionario bíblico Vine-*)

En la Biblia se destaca la misericordia de Dios como una disposición suya que beneficia al hombre pecador. Somos salvos por la misericordia de Dios. Por eso se le llama «Padre de misericordia y Dios de toda consolación»

Cuando vivimos en pecado, Dios se aparta porque nosotros nos apartamos primero. De hecho el dar la espalda a Dios es negarlo, es vivir en rebeldía, es optar por muerte y no vida. Vivir en pecado es desobediencia y ya por sí misma trae condenación.

Cuando escribo esto me suena como a las palabras que nos decían las abuelas: "Pecado, condenación, infierno." Pero no quiero decir eso, es tan simple como pensar en estar de frente al sol o darle la espalda y decidirnos por la sombra. En un sentido figurado el sol da brillo, calor, luz, en cambio la sombra es penumbra, frio, obscuridad.

Si optamos por la sombra y luego nos quejamos de tener frio es algo incongruente, pues sabemos que si negamos la luz y calor del sol, obviamente el resultado es lo contario.

Bien, cuando decidimos negar a Dios y luego nos quejamos de que todo está mal y nos sentimos vacíos, es algo incongruente, pero en este caso podría ser también falta de información.

Ahora bien, si una persona vive un caos, por instinto de supervivencia querrá buscar un alivio y es allí cuando vamos llenándonos de relaciones conflictivas, conductas destructivas y lo que realmente buscamos es llenar un vacío que ni el mejor amante, ni el mejor vino (entre otras cosas) pueden llenar.

La respuesta es: ¡Ve a la fuente de amor! Dios es el amor, vuelve tu rostro a él y elige una vida con Cristo.

"Tendré compasión y misericordia **eterna** de ti", ¿Eterna? O sea para siempre. "Yo tu redentor", el que pagó precio de sangre para rescatarte y murió por ti en la cruz ¡Está hablándonos de la eternidad! Quiere decir que hoy a través de esta palabra recibimos el conocimiento de que Jesucristo nos estará esperando más allá de este cuerpo físico.

Entonces yo creo que cuando me muera allí estará Jesús esperando por mí para que yo esté con él eternamente gozando de su amor, compasión y misericordia.

Ahora voy a preguntar ¿Cuántos años has vivido abandonado y sufriendo? Yo pasé diez años casada y otros ocho viviendo como abandonada. Esos dieciocho años representaron para mí lo que Dios me habló diciendo: "un breve momento me aparté de ti y por un momento escondí mi rostro".

Un breve momento que para mí era como una eternidad, pensé que eso nunca iba a cambiar, pero sólo habían pasado dieciocho años, no es poco, pero comparada a la promesa de la eternidad, no es nada. Y después de esa tortura momentánea, nos dice "Tendré compasión eterna" O sea, de hoy en adelante y para siempre.

Creo que definitivamente no puedo comprender la eternidad, pero sé que de aquí en adelante Dios está conmigo y mi vida ¡Ya cambió! Y permanecerá cambiando de manera victoriosa –como la aurora, de poco en poco, de más a más... hasta verme brillar como una antorcha.- Porque el favor de Dios me acompaña todos los días y más allá de lo que pueda entender, ¿Te digo algo? Deja que Dios tome real control de tu vida para que puedas sentir la paz, para que puedas ver más allá de tus ojos.

Salmo 126:1-3

Cuando Jehová hiciere volver la cautividad de
Sion, **Seremos como los que sueñan.**
Entonces **nuestra boca se llenará de risa,**
Y nuestra lengua de alabanza;
Entonces dirán entre las naciones:
Grandes cosas ha hecho Jehová con éstos.
Grandes cosas ha hecho Jehová con nosotros;
Estaremos alegres.

VIII

COMO EN LOS DIAS DE NOÉ

⁹"Porque esto me será como en los días de Noé, cuando juré que nunca más las aguas de Noé pasarían sobre la tierra; así he jurado que no me enojaré contra ti, ni te reñiré. ¹⁰Porque los montes se moverán, y los collados temblarán, pero no se apartará de ti mi misericordia, ni el pacto de mi paz se quebrantará, dijo Jehová, el que tiene misericordia de ti."

Aquí Dios se detiene a explicarnos cómo es que derramará su misericordia y su paz, y entonces hace un pacto con nosotros, pero con cada uno en lo individual, porque la salvación, aunque es para todos, es personal. Él te dice "Te juro que nunca más me enojaré contigo y pase lo que pase no me apartaré de ti, porque puede suceder que los montes se muevan, también puede ocurrir que los cerros tiemblen, pero mi misericordia no se apartará de ti". Esto quiere decir que puedes tener dificultades, puedes pasar mortificaciones, pero la misericordia de Dios te acompañará.

Además "No te reñiré", esto hilado a lo anterior es lo siguiente: Puede ser que en nuestro caminar nos volvamos a equivocar (y claro que esto va a ocurrir) y este error provoque que algunos montes tiemblen en nuestra vida, pero Dios estará con nosotros y entonces no nos reñirá.

La palabra reñir se entiende como un regaño, pero sus sinónimos tienen más que ver con una pelea: Reñir.- Pelear, lidiar, chocar, luchar. Esto me hace recordar mis actitudes frente a un problema ¿cómo es mi reacción? Cuando se presenta una complicación, normalmente me enojo y siento frustración y sin que lo pueda evitar surge en mi mente una discusión que tal vez sea conmigo misma, o tal vez... seamos sinceros, es con Dios: "Pero ¿qué paso? ¿Por qué no salió bien? ¿Ya no me vas a bendecir? ¿Qué hice mal? ¿Señor, estás conmigo?

Recuerdo cómo fue que aprendí a dejar de pelear con Dios, Yo me quejaba frente a él, la queja es un gran estorbo para recibir bendiciones. La queja es lo contrario al agradecimiento. El agradecimiento habla de un corazón humilde, la queja habla de un corazón egoísta. El agradecimiento es una puerta abierta para recibir y la queja es el obstáculo. Cuando el pueblo de Israel transitaba por el desierto siempre se quejó y nunca aprendió a agradecer las bendiciones de Dios, toda esa generación murió en el desierto sin conocer la tierra prometida.

Por el contario Josué y Caleb eran agradecidos y confiaban plenamente en las victorias que Dios les había dado, ellos cruzaron hacia la tierra prometida como líderes de todo ese pueblo.

En la Biblia hay dos tipos de pelea contra Dios: una es como la de Jacob, dice en Génesis 32:24, que Jacob se quedó a pelear con un varón de Dios para obtener su bendición y la consigue, pero dicho varón le lastima la cadera y Jacob cojea.

Por otro lado, las escrituras hablan del enojo de Jonás. Dios le manda ir a dar una palabra de salvación a la ciudad de Nínive, pero Jonás decide no obedecer, entonces Dios lo obliga a obedecer pasándolo por situaciones muy difíciles, incluso es tragado por un pez gigante quien, después de tres días, lo vomita en tierra, y hasta entonces Jonás obedeció. En los dos casos el propósito de Dios se cumple, pero Jacob y Jonás son afectados físicamente para recibir la bendición.

Hubo un tiempo en el que Dios estaba tratando conmigo para fortalecer mi interior, pero no tenía nada que ver con que él estuviera lejos de mí, más bien, ahora sé, era cuando más cerca estaba. Por ejemplo, muy al principio caminaba como un bebé pequeño que empieza a dar sus primeros pasos y sus padres no lo sueltan, lo tienen de las manos hasta que aprende a caminar, después los padres siguen al pendiente, pero ahora el hijo camina sin que necesite que sus padres lo lleven de la mano.

Dios me estaba enseñando a crecer, pero en ese momento yo no lo sabía y realmente me sentía enojada y además con mi tendencia a sentirme víctima, llegué a pensar que ni Dios me amaba, ni me aceptaba como soy ¡Gran error! Esto estaba provocando que las cosas no caminaran hacia adelante, más bien parecía que estaba yendo hacia atrás.

Pero gracias a Dios por las predicaciones de cada domingo y mi relación con Él, porque me hicieron entender que no puedo pelear con Él ¿Sabes qué descubrí? Que me estaba comportando como una niña caprichosa que pedía a papá Dios algo y lo quería de inmediato, Y precisamente Él con toda su misericordia y paciencia me estaba enseñando que así no son las cosas. ¿Te acuerdas de mi diálogo con Dios en el libro de Job? *⁷Cíñete ahora como varón tus lomos; Yo te preguntaré, y tú me responderás.* [8]*¿Invalidarás tú también mi juicio?* (esto te lo platiqué al final del capítulo tres)

¿Sabes de qué me libró Dios con todo este proceso? De un pensamiento inconsciente que traía arrastrando de mi vida antes de conocerle, te recordarás que estuve casada con un brujo y en ese tiempo incluso leí cartas. Todo ese tiempo apoyé mi vida en amuletos y talismanes, cosas que tú sabes: "tal cosa para el dinero, tal otra para el amor, etc." Es decir, entendí que Dios no es una lámpara mágica a la que frotamos con los ojos cerrados, pedimos un deseo y "plin" se concede. La petición no llega por la fuerza mental, o por el poder de un objeto mágico... siempre, siempre, siempre llega porque Dios te lo da como un regalo. Lo sepas o no. La biblia dice que ni una hoja de un árbol se mueve sin la voluntad de Dios.

Jesucristo es mi amado, mi esposo, mi pastor, mi amigo, pero antes que todo eso, <u>Es Dios</u> y es mi Señor, dueño de todas las cosas. No cumple caprichos, tiene un propósito y nos quiere llevar a grandes cosas, pero definitivamente nos tiene que preparar. ¿Te acuerdas del bebé aprendiendo a caminar? Cuando comprendí esto ya no decía más "¿Por qué me pasa esto? o ¿Señor, estás conmigo?" Porque ya no tuve la duda de su presencia en mi vida.

Algunas veces le pregunté ¿Señor, me amas? Y todas las veces me llevó a recordar su muerte en la cruz, fueron muchas veces, hasta que entendí ¡Claro que me amas! ¡Moriste en la cruz por mí! ¡Me lo estás diciendo! ¡Moriste en la cruz por amor!... ¿Queremos algo más?

También entendí lo siguiente: si dio su vida por nosotros ¿cuánto más no nos quisiera dar? Pero cualquier otra cosa que nos dé, nunca tendrá comparación con el gran valor que hay en el acto de haber muerto por nosotros, la pregunta ahora es ¿estamos listos? Para recibir todo lo que nos quiere dar... ¡Yo estoy lista!

"No te reñiré" ¿sabes por qué? Porque nos enseña a bajar las alas y postrarnos, humillándonos delante de su majestuosa presencia para sentir su amor, su mano protectora que nos cubre y nos levanta para que le adoremos. La actitud correcta delante de Dios es postrarnos y pedir su consejo y dirección. En 2 Crónicas 7:14 Dios nos dice:

"si se humillare mi pueblo, sobre el cual mi nombre es invocado, y oraren, y buscaren mi rostro, y se convirtieren de sus malos caminos; entonces yo oiré desde los cielos, y perdonaré sus pecados, y sanaré su tierra."

Dice: *"y mi pacto de paz nunca se quebrantará porque tengo misericordia de ti"*. Siempre sentirás la paz de Dios contigo, es una promesa.

Salmo 27:3

³Aunque un ejército acampe contra mí,

No temerá mi corazón;

Aunque contra mí se levante guerra,

Yo estaré confiado.

Solamente alguien que se ha sentido repudiado, abandonado, solo, triste de espíritu y avergonzado porque nunca hizo nada bien. Sólo así estas palabras las recibe como un bálsamo de amor y sanidad que cura todas las heridas. Porque además de sentirse perdonado, amado, consolado, también Dios nos anima a salir adelante confiando en él.

¡¿Cuántas veces he llorado con estas palabras?! Y cuando me siento caer, vuelvo a ellas y la Presencia de Dios me conforta porque sé que está allí conmigo, tal vez hasta esté llorando conmigo y me dice: ¡Levántate, mi pacto de paz nunca se apartará de ti!

IX

FATIGADA Y CON TEMPESTAD

[1]"[1]Pobrecita, fatigada con tempestad, sin consuelo; he aquí que yo cimentaré tus piedras sobre carbunclo, y sobre zafiros te fundaré. [12]Tus ventanas pondré de piedras preciosas, tus puertas de piedras de carbunclo, y toda tu muralla de piedras preciosas."

Estos versículos en la Biblia de la versión "Dios habla hoy" dice:

11...Yo pondré tus piedras sobre azabache

y tus cimientos sobre zafiro;

12de rubíes haré tus torres

y de berilo tus puertas,

y de piedras preciosas todas tus murallas.

Sólo Dios puede conocernos tanto... "Pobrecito, fatigado de luchar, y la tempestad no ha pasado, nadie tiene un consuelo para ti", pero te dice: Te levantaré y te daré cimientos de piedras preciosas, los cimientos de tu vida, las ventanas y toda una muralla sobre piedras preciosas: zafiros, rubíes, berilo.

Él hará de ti una nueva casa bien puesta, es decir, ya no tendrás una tienda con estacas y cuerdas, ahora él cimentará una casa para ti, cimentada en la roca preciosa que es Cristo, con una muralla para que nadie te dañe y todo será de piedras preciosas, o sea, que esa tienda de campaña que representaba tu vida y a la cual había que reforzar las estacas cada rato, ahora Dios la cambiará por una vida con cimientos firmes.

Llegará un día en que nadie se acuerde de aquella persona maltratada y abandonada; viuda y sola. Serás una nueva persona porque Dios lo hará en ti, tú no tienes que hacer nada sólo amarle y hacerlo tu Dios sobre todas las cosas ¿Me crees? Te puedo dar testimonio de que así ha sido en mi vida y aún no he llegado a la meta, pero persevero a ella.

En el versículo once podemos ver que Dios nuevamente se refiere a nosotros como "Pobrecito, fatigado con tempestad" en el versículo seis nos llama "abandonados" y en el versículo uno utiliza las palabras "estéril y desamparado" ¡Tres veces en todo el capítulo! Y para ser sincera, hasta como que no es agradable, nos incomoda, en una forma natural podemos responder "¡yo no soy pobrecita!" porque nos incomodan las palabras, es como volver a una situación dolorosa, ¿Nos quiere molestar diciéndonos tantas veces pobrecito? ¡Claro que no! Es en alma, cuerpo y espíritu que estamos "asolados" y en esas tres áreas lo tenemos que reconocer para ser sanados y reconstruidos.

Es necesario reconocer que estamos abatidos en el alma ¿sabes por qué? Hay muchas personas abatidas por dentro, pero por fuera uno los puede ver fuertes, ellos todavía están luchando con sus fuerzas porque no se han permitido ser débiles delante de Dios, es como una negación a su realidad por el dolor que les causa confrontar una verdad, la verdad del fracaso (y no te enojes, lo digo como es aunque no nos guste) entonces la negación no les permite ser débiles y es allí donde Dios no puede entrar.

Para mí esas personas merecen todo mi respeto porque yo personalmente nunca fui tan fuerte, pero Dios necesita que te sueltes de tus propias fuerzas, reconozcas la condición de tu vida y se la des a él, sólo así podrá sanarte y llevarte de ese fracaso a la victoria, él quiere que le digas, "es cierto me abandonaron, estoy fatigado, ya no tengo fuerzas, ayúdame, te necesito".

Te voy a repetir lo que nos promete a cambio de entregarle nuestras fuerzas: Piedras de azabache, cimientos sobre zafiros, torres de rubí, puertas de berilo y murallas de piedras preciosas. ¡wow! Eso en realidad es carácter, talentos, dones, realizaciones, triunfos, victorias. Ya no tendrás una casa de campaña en donde tienes que estar reforzando las estacas ¡No! Él nos da piedras, cimientos, torres y murallas ¿no te suena eso a un castillo? Imagínate a ti mismo como una persona firme, realizada, triunfante. Yo quiero creer que Dios cambia mi vida de una simple casa de campaña a un castillo puesto de piedras preciosas.

Nadie te podrá derrumbar, ni tú mismo te podrás mover porque lo que Dios hace nada lo derriba. Toma estas palabras como una realidad y hazlas tuyas en el área espiritual, en el alma y en lo físico. Tres áreas van de la mano y podemos entonces declarar la provisión de Dios, la sanidad del alma y ¿qué te parece un cambio de casa? ¡Por un castillo! ¿Hasta dónde alcanza tu fe? ¿Puedes imaginarte viviendo en una casa grande y lujosa? ¿Por qué no? ¿De qué tamaño es Dios para ti? ¡Grande y poderoso! O ¿Pequeño y tacaño? Es bueno soñar en grande de la mano con Jesucristo.

Antes de los cimientos, Dios nos menciona que pondrá piedras sobre azabache. Hay un pasaje en Mateo 7:24 que habla de poner cimientos:

²⁴Cualquiera, pues, que me oye estas palabras, y las hace, le compararé a un hombre prudente, que edificó su casa sobre la roca. ²⁵Descendió lluvia, y vinieron ríos, y soplaron vientos, y golpearon contra aquella casa; y no cayó, porque estaba fundada sobre la roca.

En el "Nuevo Diccionario Ilustrado de la Biblia" encontramos que Roca se emplea como una figura literaria que se aplica a Dios como Creador, FORTALEZA, refugio, salvación, ayudador y apoyo. Es símbolo también de la persona de Jesucristo, quien es el fundamento de la Iglesia; la «principal piedra del ángulo» para la edificación de los creyentes.

Dios quiere que tengamos una roca especial, "piedras sobre azabache" el azabache es un carbón mineral negro brillante de gran valor. Así que Dios escoge lo mejor de lo mejor para sus hijos.

Esta roca simboliza una relación con Jesucristo, una relación única y especial, de gran valor, indestructible y sobre ella, sobre esa roca que es tu relación con Jesucristo, esa relación que sólo tú y él conocerán, una relación que sólo tú eres el encargado de iniciar, mantener y reforzar. Porque él ya te está esperando. Sobre esa relación se edificarán grandes cosas, grandes sueños, metas cumplidas, más de lo que ahora puedes imaginar.

Escucha bien esto que te digo porque lo entendí después de muchos años. La oración, tu tiempo especial con Dios, es la roca de todo lo que Dios pondrá en tus manos. Puede ser que él te de proyectos, pero sin tus oraciones no sucederá nada. La oración es el cimiento de todo ese castillo que se edificará para ti.

El tiempo de oración es el fundamento principal de todo aquel que quiere seguir a Jesucristo. En ese tiempo también abre tus oídos para escucharle hablarte, te dará estrategias, te dará indicaciones precisas y de allí parte todo lo demás.

Sobre ella se pondrán los cimientos, para luego levantar torres, las torres representan los lugares altos a donde Dios nos quiere llevar, pero bien cimentadas, y en ellas habrá puertas para que exista la comunicación, un entrar y un salir. Hay que ir a "habitar ciudades asoladas".

Después las murallas, estas representan el cobijo de Dios,

las murallas evitan que los enemigos penetren a nuestra fortaleza en Dios, para que no estemos expuestos. El pueblo de Israel estaba amurallado para evitar que otros pueblos los contaminaran y así el pueblo se guardara en santidad. Por eso Dios ve necesario que haya una muralla que te proteja de cualquier contaminación y permanezcas en los caminos que Dios tiene para ti.

Salmo 91:2

Diré yo a Jehová: Esperanza mía, castillo mío;

Mi Dios, en quien confiaré.

Este versículo lo podemos usar como una declaración diaria, como una oración: "Señor, tú eres mi castillo, eres mi esperanza, eres mi Dios y en ti confiaré" (porque la última parte no es pregunta ¿En quién confiaré?, es una afirmación: ¡Mi Dios, en quien confiaré!

Dios cumple lo que promete, te quiero platicar la historia de una amiga que cuando conoció a Jesucristo trabajaba como intendente en una escuela primaria, ser intendente ya era bueno porque contar con un trabajo es una gran bendición, pero Dios no se detiene, ahora ella es maestra de segundo de primaria en esa misma escuela, donde comenzó limpiando salones. (Esto es normal en la vida de los hijos de Dios).

Ella no tiene esposo y tiene tres hijos, ahora ya son jóvenes, pero en ese entonces eran unos niños. Dios la ha levantado de una manera muy sorprendente, ha sido fiel en su vida porque ella le ha creído aún en medio de muchas dificultades. Estudió en la Normal Superior, Dios le abrió puertas y también le dio las fuerzas para hacerlo.

En su caminar hubo muchas dificultades ¿te imaginas como era su día? Los hijos, la casa, los estudios y el trabajo, porque tenía que seguir trabajando para poder mantener a sus hijos.

Terminó la carrera y se mantuvo hacia delante, y no ha llegado a la meta, las dificultades siempre presentes dando forma a nuestro carácter. Recientemente me contó que pasó una situación que te quiero platicar para que veas la fidelidad de Dios: *"...aunque los montes tiemblen, yo estaré contigo."* Los gastos de mi amiga se multiplicaron y ella decidió usar sus tarjetas de crédito, pero lo hizo sin preguntar a Dios si él estaba de acuerdo.

Ella sabía que con su sueldo las iba a pagar sin problemas, además contaba con bonos extras que le habían prometido, así que confiadamente usó las tarjetas. Lo que a ella se le olvido (y toma nota de esto) fue buscar la aprobación de Dios.

Porque si decimos que Dios es nuestro compañero en todo, entonces es la cabeza de nuestra vida y no podemos hacer nada que él no apruebe, porque los compañeros caminan en común acuerdo ¿verdad? Pues esta amiga mía no lo hizo así y entonces ocurrió que su sueldo lo estuvieron reteniendo por periodos de tiempo, así que los intereses de las tarjetas iban subiendo, los bonos que le iban a dar, no los recibió nunca.

La situación se puso muy difícil y la deuda se incrementó. Entonces ella decidió rendirse ante Dios y clamó por sus promesas. ¿Qué es rendirse ante Dios? Imagina cuando un malhechor apunta a una mujer con un arma, la mujer se siente indefensa porque reconoce que su fuerza nada es frente al malhechor, entonces levanta las manos y entrega todo lo que trae de valor, es decir, se rinde. Así cada persona puede reconocer que sus fuerzas son nulas delante de Dios y decide rendirse para que Dios tome el control.

Mi amiga, pues, se puso a cuentas con Dios pidiéndole perdón primero por no haberlo considerado, después por haber sido desobediente a su voz, también por no haber confiado en él y haber resuelto su situación económica según a ella se le había ocurrido. Entonces vino el milagro, los bancos le llamaron para resolver la situación disminuyendo el monto total de la deuda en un cincuenta por ciento (y en algunos casos hasta más). Hubo quien le ofreció ayuda de parte de Dios para pagar esas cantidades que le quedaron pendientes y sus deudas se fueron. ¡Amén! Ese es nuestro Dios, siempre fiel… pero eso es SI TU QUIERES. ¿Cuánto le puedes creer?

X

TODOS TUS HIJOS

[13]"*Y todos tus hijos serán enseñados por Jehová; y se multiplicará la paz de tus hijos*".

Yo tengo dos hijas, una de catorce años, adolescente, y otra de nueve años, ya casi entra a la pubertad. He visto como Dios las ha ido transformando, porque nuestro hijos también vienen lastimados y confundidos, pues si los padres que los guiaban no sabía ni guiar su propia vida, menos la de ellos.

Dios con toda su misericordia, te toma a ti en un proceso de restauración y te dice: no te molestes, ni te preocupes, yo veré por tus hijos, yo les enseñaré y se multiplicará su paz. ¿Sabes por qué nos habla de paz? Porque cuando los hijos tienen padres débiles, entonces por instinto ellos toman el mando, pues alguien lo tiene que tomar; entonces aquello donde nadie manda y todos quieren mandar, se vuelve un lugar de guerra constante.

Cuando Dios comienza a edificar tu vida, entonces llena de abundante paz el corazón de tus hijos y ya no caminan con temores, sino confiando en Dios. Aunque no debes olvidar que Dios te puso como autoridad de esas criaturas. Él me dijo un día, no olvides hacer lo que te corresponde: Tomar el mando, disciplinarlos y amarlos con la guía de Dios.

103

Un día mi hija la menor me gritaba "yo no quiero hacer la tarea, te odio, te odio, ya no quiero nada de ti". En ese momento me fui a mi cuarto, me puse de rodillas y le dije "Señor tú me dijiste que tú les enseñarías por mí, ya no sé qué hacer, no sé qué decirle. Señor detén mi enojo porque quisiera golpearla muy fuerte. Señor tú dile lo que debe hacer, ponlo en su corazón." Lloré un poco porque fue muy doloroso ver como mi autoridad se había perdido y sabía que así los hijos se van por caminos equivocados, pues no tienen quien dirija y guíe su vida. Entonces Dios me recordó el pasaje en Proverbios 29:17, que dice: *17Corrige a tu hijo, y te dará descanso, y dará alegría a tu alma.*

De alguna manera Dios me estaba diciendo que hay cosas que me tocan hacer, por eso Dios me puso en el lugar de mamá, así que sentí que Dios confiaba en mí y en cómo debería hacer las cosas.

Me levanté, fui con mi hija y con toda firmeza y sin enojo le hable fuertemente y le dije ¡Ponte hacer la tarea, Ahora! Entonces ella todavía un poco enojada se levantó de su cama y se fue hacer la tarea, más tarde ya estaba como si nada. Entendí que Dios había hecho su parte, pero sin la mía, nada hubiera pasado.

XI

CON JUSTICIA SERÁS ADORNADA

14 "Con justicia serás adornada; estarás lejos de opresión, porque no temerás, y de temor, porque no se acercará a ti. 15Si alguno conspirare contra ti, lo hará sin mí; el que contra ti conspirare, delante de ti caerá. 16He aquí que yo hice al herrero que sopla las ascuas en el fuego, y que saca la herramienta para su obra; y yo he creado al destruidor para destruir. 17Ninguna arma forjada contra ti prosperará, y condenarás toda lengua que se levante contra ti en juicio."

Dios nos quiere "apapachar" si se puede usar esta palabra. Es decir, nos quiere cuidar, proteger, consentir… y por qué no decirlo, nos quiere premiar, porque conoce nuestras batallas y nuestros esfuerzos (un pequeño paréntesis, hay que recordar que en Hebreos 11:6 en la versión Dios habla hoy, dice: *Pero no es posible agradar a Dios sin tener fe, porque para acercarse a Dios, uno tiene que creer que existe y que recompensa a los que le buscan, ¿ves?* Hay recompensas, premios, galardones, regalos para nosotros) Y ahora nos dice "Con justicia serás adornado". Lo cual quiere decir que de ahora en adelante cosas justas para nuestra vida llegarán y nada nos hará ningún daño.

No serás oprimido y ya no tendrás temor, además serás adornado ¿con qué? Con justicia, triunfos, victorias y sueños cumplidos. Esto será una vez que no sientas temor, porque el temor no estará en ti, entonces la opresión estará fuera de ti y esa es una gran victoria.

Una persona que tiene temor y vive en temor, está oprimida. Entonces lo que ocurre es que vive en injusticia, porque todo lo que vive que la oprime y la atemoriza es injusto ¿verdad? Así que una vez que tú confías en Dios, se va todo temor, ya no vives más en temor porque sabes que Dios está a favor tuyo, una vez que Dios te libra de todo temor, ya no te sientes oprimido porque ya eres una persona valiente y libre. Listo para triunfar, es más ya triunfaste porque la victoria llega cuando se va el temor y la angustia, entonces ¡declara victoria en tu vida!

Hay diferentes y muy variados tipos de caracteres, el carácter de una persona se define por la manera en que trata con los demás y puede ser un carácter pasivo o uno explosivo con todas sus variantes.

Cuando una persona pasiva se siente oprimida, entonces es un blanco perfecto para vivir constantemente atacada y se convierte en víctima, es más, me atrevo a decir que ella misma conduce una relación para ponerse en el lugar de víctima y convierte al otro en victimario.

En éste caso, Dios libera a esa persona de toda opresión y es cuando entonces su espíritu se vuelve valiente y es capaz de defender su postura, de levantar la voz y de afrontar lo que antes no era capaz ni de voltear a ver, la persona es libre y los que fueron victimarios también son libres de ese rol.

Por otro lado, la persona que es más de carácter fuerte y explosivo, cuando vive oprimida, vive agrediendo a todos porque su postura siempre está a la defensiva, grita por todo, se enoja de todo, discute de todo, esta es una persona victimaria y hace a todos los que la rodean sus víctimas, pero la verdad es que se siente oprimida y temerosa.

Cuando Dios libera a esa persona de toda opresión, su espíritu es capaz de bajar sus armas y sentir paz en el corazón. Vivir en guerra es muy cansado, entonces dejará de ser agresiva y quienes la rodean dejarán de ser sus víctimas.

En ambos casos, podrán ver que nadie les quiere hacer más daño y la que se sentía victima podrá levantar la cabeza y la que era victimaria será capaz de bajar las alas y ambas sabrán que son libres por el poder del amor de Jesucristo. Y habrá paz en su corazón.

Por lo tanto su vida caminará en justicia, con firmeza, entereza y ecuanimidad, que serán sus adornos para la Gloria de Dios. ¿Lo puedes ver? Dios mismo nos indica el camino a la libertad porque Él es nuestro redentor.

Sería muy interesante que cada persona fuera consciente del papel que inconscientemente desempeña frente a las circunstancias, a veces somos víctimas, a veces victimarios, pero eso nos acarrea relaciones complicadas. Hay dos cosas que debemos prohibirnos hacer siempre: No te quejes y no juzgues, o sea no te pongas como víctima (queja) y no te pongas como victimario (juzgar).

Esos dos conceptos nos liberan de grandes mortificaciones y entonces viviremos en paz y dejaremos vivir en paz a los demás.

"El que contra ti conspirare delante de ti caerá" Si alguno se atreve a actuar fuera de lo que Dios ha dicho, esa persona o situación caerá, no prosperará contra ti, porque dice: "Ninguna arma forjada prosperará contra los hijos de Dios." Cuando leo estas palabras, me lleno de gozo porque ahora sé que no tengo que estar peleando contra nadie, pues ya Dios tiene todo bajo control, y no quiere decir que de ahora en adelante no tendré dificultades, porque dice Jesucristo en Juan 16:33 *En el mundo tendréis aflicción, pero confiad yo he vencido al mundo"* Y con esta seguridad camino, pues Dios es quien pelea por mí.

Pero además nos da un mandato y nos otorga una autoridad maravillosa que debemos usar para obtener las victorias: *Condenarás toda lengua que se levante contra ti en juicio.* Tenemos el deber y la autoridad de condenar toda lengua que se levante en contra de los propósitos de Dios para nosotros, para nuestros hijos, familia, colonia, ciudad, país.

Todo decreto, declaración, maldición, crítica, juicio en contra de nosotros debemos de condenarlo. Algunos sinónimos de condenación son la censura, castigo, multa, sanción, corrección, reprender. Esto se hace en forma espiritual, no vayas a ir por allí regañando a todo aquel que dice algo en tu contra.

Aprendí que si bien todas las mañanas Dios tiene planes maravillosos para mi vida, y si su adversario es el diablo, el padre de mentira que quiere robar, matar y destruir; entonces seguramente él tiene todo que ver con lo que estorba para que llegue a mi vida la bendición. Seguramente cada mañana el diablo tiene un plan para destruir mi vida y robarme las bendiciones de Dios.

Esto no debe atemorizarnos, al contrario, Dios nos ha mandado reprender, censurar, corregir toda lengua que se levante en contra de nosotros en juicio. Porque Dios ha creado al destruidor para destruir, pero dice que *ninguna arma forjada contra mí prosperará*. No prosperará, pero no dice que no existe. Si se levanta en contra de mí como lengua mentirosa, yo lo reprendo, cancelo y censuro.

Ya tenemos un ingrediente más para los tiempos de oración, fíjate bien: Cantamos a Dios para exaltar su amor, le adoramos, agradecemos todo lo bueno y lo malo que nos ayuda a crecer y nos fortalece. Escuchamos su voz para entender sus propósitos, y también al reconocernos hijos de Dios, nos revestimos de autoridad y entonces reprendemos toda lengua mentirosa que se levante en nuestra contra.

Hay algo más que tienes que saber y es muy importante, recordarás el versículo en Efesios 6:12 que dice que no tenemos lucha contra sangre ni carne, sino contra gobernadores de las tinieblas. Bueno, es importante que conozcas la Armadura de Dios para estos tiempos difíciles, que bien, está escrito que llegarán tiempos en que la maldad se aumentará, pero Gloria a Dios, también las bendiciones, dones, y el poder sobrenatural de Dios será manifestado. Te tengo noticias, ese tiempo ya llegó, así que debemos conocer la Armadura con la que Dios nos ha provisto.

Efesios 6:10

¹⁰ Por lo demás, hermanos míos, fortaleceos en el Señor, y en el poder de su fuerza.

¹¹ Vestíos de toda la armadura de Dios, para que podáis estar firmes contra las asechanzas del diablo.

¹² Porque no tenemos lucha contra sangre y carne, sino contra principados, contra potestades, contra los gobernadores de las tinieblas de este siglo, contra huestes espirituales de maldad en las regiones celestes.

¹³ Por tanto, tomad toda la armadura de Dios, para que podáis resistir en el día malo, y habiendo acabado todo, estar firmes.

¹⁴ Estad, pues, firmes, ceñidos vuestros lomos con la verdad, y vestidos con la coraza de justicia,

¹⁵ y calzados los pies con el apresto del evangelio de la paz.

¹⁶ Sobre todo, tomad el escudo de la fe, con que podáis apagar todos los dardos de fuego del maligno.

¹⁷ Y tomad el yelmo de la salvación, y la espada del Espíritu, que es la palabra de Dios;

¹⁸ orando en todo tiempo con toda oración y súplica en el Espíritu, y velando en ello con toda perseverancia y súplica por todos los santos.

Hay muchos libros y estudios para explicar todo esto, pero lo que sencillamente te recomiendo, es que cada mañana en tus tiempos de oración, imagines que te revistes con esta armadura: el casco, la coraza, espada, escudo, cinturón y zapatos. Todo esto es: *Salvación* (la salvación que recibimos de Jesucristo), *Justicia* (la justicia de Dios en tu vida bendice, y la bendición de Dios enriquece y no añade tristeza), *Verdad* (no solamente significa evitar decir mentiras, significa vivir y declara la verdad del reino de Dios. Esto es gozo, victoria, salud, riqueza, amor, etc.), *Fe* (porque sin fe es imposible agradar a Dios) y *Paz* (la paz que sobre pasa todo entendimiento). Lee los versículos detenidamente y medítalos, luego llévalos a tu oración y sobre todo vívelos.

Finalmente le servimos a un Dios grande y maravilloso que nos cuida, Él es nuestro escudo. Entonces después, nuestra oración se convierte en intercesión, pero eso es otro tema también muy extenso, me encantaría hablar de todo esto en otro libro.

XII

SIERVOS DE JEHOVÁ

"Esta es la herencia de los siervos de Jehová, y su salvación de mí vendrá, dijo Jehová."

Termina el capítulo diciendo: *Esta es la herencia de los siervos de Jehová, y su salvación de mí vendrá, dijo Jehová.* Aquí entendemos que primero nos encontró, nos limpió, nos abrazó y nos hizo sus hijos, nos salvó de la muerte y nos dio vida, vida en abundancia. Podemos sentarnos a la mesa del rey, nuestro padre. Además ahora dice, "esto es para mis siervos" ¿siervos?

Ser siervo de Jesús representa un privilegio; expresa una relación de íntima comunión con el Señor, establecida por los lazos de una alianza mutua (PACTO). Es estar dispuesto a la obediencia total; pero el Señor, en virtud de la misma alianza, **exalta hasta lo sumo**. Por tanto, la relación entre sumisión y exaltación nace de una alianza eterna: Señor y siervo que actúan juntos, impulsados por el amor."

Sólo tengo algo que agregar respecto a servir a Dios:

44Y vuelto a la mujer, dijo a Simón: ¿Ves esta mujer? Entró en tu casa, y no me diste agua para mis pies; mas ésta ha regado mis pies con lágrimas, y los ha enjugado con sus cabellos. 45No me diste beso; mas ésta, desde que entré, no ha cesado de besar mis pies. ⁴⁶No ungiste mi cabeza con aceite; mas ésta ha ungido con perfume mis pies. ⁴⁷Por lo cual te digo que sus muchos pecados le son perdonados, porque amó mucho; mas aquel a quien se le perdona poco, poco ama. (Lucas 7:44-47)

Así me siento hoy, por lo mucho que se me ha perdonado, me postro delante de mí amado Jesucristo para adorarle y servirle siempre.

CONCLUSIÓN

Infinito es el amor de Dios que no lo alcanzamos a entender, pero el amor más allá de entenderlo, se siente, se absorbe y se elige vivir en él. Vivir con el amor de Dios va más allá de todo entendimiento, pero es más real que cualquier otra cosa que conozcamos.

Si yo creo que Dios hizo los cielos y la tierra y todo lo que en ella hay, puso las estrellas en el cielo y el sol que nos calienta cada día; si yo creo que en su infinito amor envió a su Hijo para que muriera por nosotros (*"Maltratado y humillado, ni siquiera abrió su boca, como oveja fue llevado al matadero"*- Isaías 53:7) ¡POR MÍ! Si yo creo que la Biblia es la Palabra de Dios y Dios es el mismo desde Adán y Eva hasta el día de hoy y Él no miente. Entonces creo que Él es mi Redentor, mi compañero y mi hacedor. Creo, definitivamente yo creo que su pacto de amor conmigo no se moverá aunque los montes tiemblen.

Nunca más diré que estoy sola y que no tengo a donde ir, porque sé que Dios me formó en el vientre de mi madre y tiene planes para mí. Sus propósitos son eternos, así que en sus manos estoy segura y confío que Él me pondrá en lugares altos y un castillo de piedras preciosas tiene para mi vida.

Creo que estas promesas son para mí y para ti también, extiende tus brazos ¡Toma Su mano, levántate y Regocíjate!

Isaías 62:1-5

Nueva Versión Internacional (NVI)

El nuevo nombre de Sión

¹ Por amor a *Sión no guardaré silencio,
por amor a Jerusalén no desmayaré,
hasta que su justicia resplandezca como la aurora,
y como antorcha encendida su *salvación.
² Las naciones verán tu justicia,
y todos los reyes tu gloria;
recibirás un *nombre nuevo,
que el Señor mismo te dará.

³ Serás en la mano del SEÑOR como una

corona esplendorosa,
¡Como una diadema real en la palma de tu Dios!
⁴ Ya no te llamarán «Abandonada»,
ni a tu tierra la llamarán «Desolada»,
sino que serás llamada «Mi deleite»;
tu tierra se llamará «Mi esposa»;
porque el SEÑOR se deleitará en ti,
y tu tierra tendrá esposo.
⁵ Como un joven que se casa con una

doncella,
así el que te edifica se casará contigo;
como un novio que se regocija por su novia,
así tu Dios se regocijará por ti.

¡Tu opinión es importante!

Escríbenos un email a: gabyfalcon7@hotmail.com

Conócenos mejor en:

www.facebook.com/tomadosdetumano

www.facebook.com/talleresbreak

Twitter: @gabyfalconr

librosdegabyfalcon.blogspot.mx

www.youtube.com/channel/UCbJnYiFXzM2UmXuZLP0szBA

Visítanos en:

www.librosdegabyfalcon.com

Otros títulos de la autora

De venta también en: www.amazon.com